« RÉPONSES »

Collection dirigée par Sylvie Angel
et Abel Gerschenfeld

DU MÊME AUTEUR

Mon bébé parle bien, Balland/Jacob-Duvernet, 2000
Itinéraire d'un nouveau-né (Préface de Françoise Dolto), Marabout, 2000
Le Roi Bébé, Hachette, 1999
Attendre mon enfant aujourd'hui, Fixot, 1995, 1997, 1999 ; Livre de poche, 1999
Élever mon enfant aujourd'hui, Fixot, 1995, 1996, 1999 ; Livre de poche, 1999
Mon bébé joue bien, Balland/Jacob-Duvernet, 1999
Mon bébé devient propre, Balland/Jacob-Duvernet, 1999
J'aide mon enfant à se concentrer, collection « Réponses », Robert Laffont, 1999
Mon bébé mange bien, Balland/Jacob-Duvernet, 1998
Mon bébé dort bien, Balland/Jacob-Duvernet, 1998
Pourquoi votre enfant est fan de Disney, Hachette, 1998
Je vois grandir mon enfant, Nathan, 1991
Mémoires d'un nouveau-né (Préface de Françoise Dolto), Nathan, 1991
Maux d'enfants, Denoël, 1990
Pourquoi tous les enfants aiment Mickey, Eshel, 1988
Maman écoute ton cœur, éditions de l'Instant, 1988
100 questions à ma pédiatre, éditions de l'Instant, 1988

Vidéo : *Naissance d'une maman*, TF1 Vidéo 1996

Site Internet : http://www.edwigeantier.com

EDWIGE ANTIER

L'ENFANT DE L'AUTRE

L'art de vivre avec l'enfant
de votre nouveau compagnon,
de votre nouvelle compagne

ROBERT LAFFONT

ISBN 2-221-09121-3

I

Les enfants des autres...

« J'aime mes enfants. Alors, les enfants des autres... Ou bien ils sont plus bêtes que les miens, et ils m'insupportent ; ou bien ils sont plus intelligents que les miens, et ils m'horripilent. » C'est ce que m'a déclaré un jour l'un de mes amis avocat, résumant la problématique compliquée de nos rapports avec l'enfant de l'Autre.

Ceux-ci sont source de conflits si souvent aujourd'hui qu'il ne se passe pas un jour sans que des parents me fassent part de leurs difficultés à ajuster leur attitude à celle de leur petit « beau-fils » « ou belle-fille ». Combien d'entre vous souffrent aussi lorsque leur propre enfant est incompris par leur nouveau compagnon. Mais ce qui me déchire le plus comme pédiatre et m'a décidée à traiter ce sujet, c'est la souffrance non dite des enfants, la souffrance qu'ils expriment par leur corps. Que de maux de ventre, de tics nerveux, d'ongles rongés, de troubles du sommeil, d'anorexies, de vomissements, de difficultés de concentration, de pertes de cheveux, d'eczéma, de crises d'asthme témoignent d'une tension insupportable, inexprimable entre l'enfant et un beau-père ou une belle-mère ! Pour illustrer cette situation conflictuelle et donner des clés pour la résoudre, j'ai choisi de m'adresser à vous, future belle-maman ou futur beau-papa, qui allez bâtir votre nouveau nid d'amour et hériter de cet oisillon déjà bien développé, que vous n'avez pas vu naître et qui reste si fragile. Vous projetez déjà de construire une nouvelle famille ; cet enfant, vous allez évidemment l'aimer, puisque vous aimez son père ou sa mère, et puisque c'est un enfant : il vous faut l'aimer !

Mais plus vous prendrez conscience de l'ambiguïté de vos sentiments à son égard, plus vous veillerez à le respecter. Alors pourra se construire le plus généreux des sentiments : l'amour « beau-filial ». Puisse ce livre être lu à deux, permettant à chacun de faire comprendre à l'Autre la sensibilité de son propre enfant. Je le constate tous les jours en consultation : les femmes, mères et belles-mères, sont plus ouvertes au dialogue ; mais j'espère qu'elles entraîneront leurs compagnons, beaux-pères et pères, à en parcourir les paragraphes qu'elles jugeront importants.

Car c'est tout un temps de la vie de l'enfant qui dépend de votre comportement. Vous devenez un acteur incontournable de sa construction.

Vous êtes la nouvelle compagne de son père ? Votre responsabilité est importante même si vous avez l'impression que les parenthèses classiques (un week-end sur deux, un mercredi sur deux, la moitié des vacances scolaires) comptent peu dans la vie de cet enfant. Ne passe-t-il pas plus de temps avec sa mère ? Oui, mais même pendant ces bulles de présence, votre comportement peut induire chez l'enfant des blessures, un mal-être qui le perturberont pour sa vie entière. Lorsque vous n'êtes pas avec lui, lorsqu'il est chez sa mère, le souvenir de votre présence est très puissant puisque vous êtes celle qui accompagne son père.

Vous êtes le nouveau compagnon de sa mère ? Votre

poids est encore plus important puisqu'en général vous êtes présent quotidiennement auprès de cet enfant, classiquement gardé à 80 % par sa maman, donc chez vous.

Aussi, tout au long de cet ouvrage, je m'adresserai tantôt à vous, belle-mère, lorsque la situation décrite me semble plus fréquente du côté de la nouvelle compagne ; tantôt à vous, beau-père, lorsque je veux faire passer des messages qui me semblent indispensables à vous, nouveau compagnon. Mais les situations peuvent absolument se lire en miroir. Respecter l'enfant de l'Autre, c'est un exercice quotidien qui prend ses racines dans le fond de votre cœur. Seule une analyse la plus objective possible de vos sentiments par rapport à l'enfant vous permettra de bâtir avec lui une relation positive et chaleureuse.

C'est dans le dit et le non-dit de cette relation que se lisent vos sentiments ; dans le moindre geste, dans vos attitudes et même dans votre présence ou votre absence, dans votre comportement au moment de sa toilette, du coucher, des devoirs, et pas seulement lors des anniversaires. Votre présence de belle-mère (ou beau-père) est si importante que, lorsque l'enfant est chez sa mère et téléphone à son père, il perçoit immédiatement si vous êtes dans la maison ou si vous n'y êtes pas. Il ne faut donc pas croire que tout se résume à des échanges ponctuels et que le reste du temps votre irritation, votre hostilité, votre hypersensibilité négative ne se perçoivent pas.

Je pense ainsi pouvoir vous aider à réussir la plus noble et généreuse ambition : aimer l'enfant de l'Autre. Je mets une majuscule à l'Autre, car en greffant son enfant sur votre vie, il (ou elle) l'impose comme un corps étranger. Les réactions de rejet sont inéluctables, de la part du greffon comme de vous-même. Mais le succès sera au rendez-vous si vous êtes averti des obstacles. En lisant ce document, vous saurez mieux adopter cette petite pièce rapportée non prévue dans votre programme, et vous faire adopter de cet enfant à la fois effarouché et provocateur.

Voilà pourquoi je dédie cet ouvrage à toutes et tous les intrépides, les inconscients, les courageuses et les courageux, les idéalistes, les kamikazes, les Mère Teresa, les romanesques, les hypermaternelles, les « nouveaux beaux-pères », en espérant qu'elles et qu'ils pourront, grâce à mes avertissements et mes conseils, réussir leur rêve généreux de famille élargie. Le chemin est plein d'embûches, mais rien n'est plus précieux qu'un enfant, rien n'est plus noble que de le rendre heureux, ou, pour le moins, de le respecter.

Les travaux d'Hercule

Vouloir aimer l'enfant de l'Autre est un projet récent pour nos sociétés. Aujourd'hui, dans les familles dites « recomposées », chacun essaie noblement de bien se comporter avec les petits des lits précédents. Mais cette attitude n'est pas innée. Déjà dans la mythologie les exemples foisonnent de ressentiments et de châtiments infligés aux enfants issus d'amours rivales.

Héra, la femme de Zeus, ne s'acharna-t-elle pas contre ses beaux-enfants, sa victime la plus légendaire étant certainement Hercule ? Souvenez-vous : le maître de l'Olympe, pourtant marié à Héra, voulut se donner un fils capable d'être pour les immortels comme pour les humains un puissant protecteur. Il s'unit à Alcmène dans l'espoir d'avoir le garçon surpuissant que sa femme légitime ne pouvait lui donner. Héra, l'ayant appris, intrigua dès la naissance d'Hercule pour que le fils déçoive son père. Ainsi envoya-t-elle deux dragons au-dessus du berceau du bébé. Il les empoigna solidement et leur tordit le cou. Malgré de si évidentes dispositions, Hercule se verra imposer par Héra douze exploits supposés impossibles. De là naquit la légende de ce beau-fils rejeté. La question est donc posée : tout beau-parent n'inflige-t-il pas, inconsciemment, à l'enfant de l'Autre les travaux d'Hercule ?

À travers trente ans d'expérience en pédiatrie, associée à ma formation en psychopathologie de l'enfant, j'ai pu constater combien vous, future « belle-mère », futur « beau-père », n'êtes généralement pas assez préparés à cette nouvelle aventure. Il vous faudra y voir clair dans le tumulte de vos émotions, comprendre la sensibilité de chacun – et ils sont nombreux à interagir sur votre nouveau couple : vous, votre nouveau compagnon, son enfant, mais aussi sa mère, ses grands-parents paternels, ses grands-parents maternels, vos enfants peut-être, et votre « ex » aussi... Autant de personnes directement impliquées, dont les sentiments, les ressentiments et les blessures vont agir à travers l'enfant. Si vous savez comprendre ses émois et respecter ses craintes, ses timidités ou ses élans, vous construirez une formidable et merveilleuse histoire. Mais il vous faudra déjouer mille pièges car, disons-le franchement, le terrain est miné !

L'objet de ce livre n'est pas de prendre position pour ou contre le divorce. L'enfant de l'Autre n'est d'ailleurs pas toujours le résultat d'une séparation. Ce peut être un enfant adopté, ou le fruit d'une fécondation in vitro avec donneur de sperme, donneuse d'ovule. Nous sommes donc de plus en plus appelés à élever un enfant qui aura une part « autre » que notre capital génétique.

Mais de plus en plus fréquentes, ces situations, et le divorce en particulier, créent de nouvelles responsabilités. Nous allons voir comment l'enfant de l'Autre souffre alors que nous pourrions l'éviter, et chaque parent séparé souffre à travers lui de souffrance souvent silencieuse et non dite. J'espère que cet ouvrage permettra à chacun de mieux communiquer ; aux nouveaux parents de la famille recomposée de mieux se comprendre mutuellement.

II

Avant de rencontrer l'enfant, vous imaginez...

J'ai choisi l'une d'entre vous pour illustrer la problématique de l'enfant de l'Autre. Je l'appellerai Maud (les histoires qui illustrent ce livre étant puisées dans ma pratique, les noms et les prénoms sont inventés). Pourquoi elle ? C'est l'une de ces mamans exquises de sensibilité et d'amour pour les enfants, les siens et ceux des autres. Ces merveilleuses dispositions ne l'empêcheront pas de découvrir peu à peu les remous émotionnels qui font de toute séparation, de toute recomposition, une tempête pendant laquelle il faut bien tenir la barre et scruter l'horizon. Maud viendra souvent me demander conseil, seule, avec l'un ou l'autre des enfants, le père des siens, son nouveau compagnon puis mari, car elle aime à réfléchir, écoutant intensément ; puis agissant selon sa sensibilité mais aussi selon ce qu'elle a appris des besoins des enfants, parfois contraires aux idées reçues...

Je l'ai connue à la naissance de son premier enfant, Garance.

La première fois que je l'ai vu, rien ne pouvait me laisser imaginer que ce bébé si attendu allait devoir composer entre mère, père et beau-père. Elle était née dans l'une de ces maternités bien équipées où accouchent la plupart des mamans soucieuses d'entourer la naissance de leur enfant des meilleures garanties. La chambre était chaleureusement emplie de bouquets et cadeaux. Pendant mes premières années d'exercice, fraîche émoulue de l'Assistance publique, je dois dire combien le décorum dont sont entourées certaines naissances pouvait choquer le jeune médecin que j'étais, formée à la science, à la rigueur et à la technique. Pour moi, la priorité allait à l'hygiène, à la présence d'un service de réanimation, et je ne comprenais pas le sens de ces bouquets de fleurs grands comme des arbres et de ces corbeilles de peluches imposant d'ouvrir la porte à double battant... Tout cela me paraissait témoigner d'une grande futilité, moi qui ai été élevée dans une certaine austérité et le culte de valeurs purement intellectuelles et affectives. Mais de livre d'or en brassière brodée, j'ai vite réalisé que la naissance prenait en solennité, et que chaque famille, à sa mesure, s'efforçait d'honorer le nouveau venu. Oui, il faut fêter cet instant magique, la naissance de ce bébé exceptionnel, puisque chaque nouveau-né est un être unique qui doit s'inscrire dans le grand registre de l'univers.

Le père, qui avait quinze ans de plus que sa jeune femme, était au comble du bonheur. Il voulut aussitôt prendre des photos de l'examen pédiatrique, et lorsque je fis ébaucher au nouveau-né ses premiers pas de marche automatique vers son papa, son visage rougit d'émotion. Aussi, l'atmosphère devint-elle rapidement conviviale : la jeune femme, diaphane après l'épreuve qu'elle venait de subir, et le nouveau père étaient touchants d'attendrissement et de dévotion. Passionnés de cinéma, ils l'appelleraient « Garance ».

Le lendemain, la jaunisse du nouveau-né apparaissait un peu trop rapidement, sans explication, car Garance était née à terme, et ni son visage ni son corps ne portaient de ces hématomes qui, en se résorbant, provoquent l'ictère. L'infirmière posait devant la mère et moi sur le petit front du bébé l'ordinateur destiné à mesurer la bilirubine, ce pigment qui fait jaunir la peau :

– Déjà 18 ! s'exclama-t-elle.

– Il faut appeler le centre de transfusion sanguine, répondis-je.

– L'hématologiste est déjà passé.

– Il faut lui demander de revenir.

Maud était liquéfiée dans son lit.

– C'est grave ? Garance n'a pas bien tété, vous savez, docteur.

Je lui expliquai qu'il pouvait y avoir des incompatibilités entre le groupe sanguin de la mère et du père, pouvant provoquer de tels ictères précoces chez le nouveau-né.

– Mais Guillaume et moi sommes du même groupe rhésus...

– Oui, mais il y a des sous-groupes. Nous allons les étudier. Et votre bébé sera installé sous les lampes à lumière bleue qui accélèrent la résorption des pigments. Tout va bien aller.

La petite Garance fut casquée comme un cosmonaute, pour que la photothérapie n'abîme pas ses yeux tout neufs, et placée dans un incubateur inondé de lumière d'aquarium. Il fallait que la mère se lève pour aller voir sa petite, dont elle pouvait juste toucher la main.

À chacune de mes visites suivantes, je trouvai les deux parents assis dans la petite nursery, serrés l'un contre l'autre comme deux moineaux sur leur branche. Un couple qui se soutenait bien...

Et lorsqu'un matin où elle était seule pour la toilette, Maud m'a demandé d'où venait l'incompatibilité entre le père et la mère, j'ai jugé la question naturelle et me suis lancée dans des réponses scientifiques sur les groupes sanguins. N'était-il pas normal de vouloir comprendre ? Ce n'est que plus tard que j'ai été obligée de m'interroger sur quelles incompatibilités la jeune mère cherchait à en savoir plus, ce jour-là.

Je les ai toujours vus ensemble, de visite en visite, toujours attentifs à leur petite. Découvrant un jouet nouveau dans mon panier, Garance le présentait aussi bien à son père qu'à sa mère, et se blottissait volontiers sur les genoux paternels : c'était un trio d'une grande harmonie. Aussi je n'ai pas voulu en croire mes oreilles lorsque j'ai entendu des échos d'une brouille conjugale par la bouche de l'une de mes patientes. Scepticisme confirmé lorsque Maud m'a annoncé qu'elle attendait un second enfant. Elle avait gagné en maturité, mais avait un peu maigri, elle déjà si fine et si longue, toujours vêtue simplement d'un jean et d'un tee-shirt, comme si son apparence ne l'intéressait pas. Elle se comportait en mère pélican, de ces mères émouvantes qui donnent tout leur temps et leur énergie à leurs petits, transmettant leurs valeurs, jouant, promenant, chantant, berçant... Puis je ne l'ai plus vue pendant près de deux ans, jusqu'au jour où elle est venue m'annoncer la séparation et me demander conseil pour les enfants. Maud, mannequin, et Guillaume, journaliste, formaient à mes yeux un couple uni. Il y avait donc une fêlure cachée. Ses questions initiales sur l'incompatibilité entre le père et la mère me sont revenues en mémoire ; elles n'avaient peut-être rien à voir avec les groupes rhésus. Maud m'annonce en même temps que les enfants allaient avoir un « beau-père », elle allait avoir une « belle-fille ». Maud voulait que tous soient heureux. Mais se rendait-elle compte de la force des histoires dont chacun était déjà porteur ?

Un enfant virtuel

Lorsque Maud revient me voir dans mon cabinet, elle est seule, sans les enfants, sobrement habillée d'un pantalon et d'un petit gilet gris, simplement coiffée, ses cheveux noirs coupés au carré. Mais je découvre une Maud bien différente de celle à laquelle je suis habituée. Son beau visage sans maquillage irradie d'une lumière nouvelle...

– Je consulte pour les enfants, pour savoir ce que je dois leur dire...

Après un court silence :

– Nous ne sommes pas venus depuis quelque temps parce que nous avons traversé une mauvaise période,... difficile de raconter. Guillaume et moi nous nous séparons...

Je lui explique comment les enfants sont « des éponges » des émotions de leurs parents. Il me faut d'abord mieux comprendre ce qui leur arrive, où sont les malheurs, où sont les bonheurs, lequel des deux parents souffre le plus de cette décision pour savoir comment protéger au mieux les petits des « ondes affectives » qui leur seront inéluctablement transmises.

– C'est moi qui ai souhaité la séparation. J'ai rencontré le grand amour. En fait, sans me l'avouer, je n'étais pas heureuse.

– Et votre décision est vraiment prise : vous allez quitter votre mari, déménager ?

– Oui, pour vivre avec Patrick, un avocat. Il a une petite fille du même âge que la mienne. Ainsi, Garance aura une amie pour atténuer le changement.

Maud n'a pas encore rencontré la fille de son nouveau compagnon. J'essaie de l'avertir des rivalités qui peuvent surgir entre deux enfants du même âge. Elle me dit en être parfaitement consciente. Mais Patrick est un père très tendre. Lui-même est séparé depuis deux ans environ ; il a l'habitude de s'occuper seul de son Émilie pendant les week-ends où ils sont ensemble. Il en parle comme d'une enfant très tendre, avec laquelle il a une complicité de « nouveau père » ; il a toujours une photo sur lui. La petite est aussi brune que Garance est blonde, les yeux aussi sombres que l'aînée de Maud les a bleus. Oui, les deux filles auront chacune une place bien définie, et les petites rivalités seront atténuées par la compréhension des grands. Maud et Patrick feront tout pour recréer un vrai foyer, « la maison du bonheur ». Ils aiment tant les enfants, ils ont aussi décidé de ne pas se faire souffrir à travers les petits, de créer l'harmonie. Maud se sentait si seule avec Guillaume, si incomprise... Comment le statu quo aurait-il pu être bénéfique aux enfants ?

Son regard profond me révèle sa détermination : elle est vraiment décidée. Nous en venons donc à sa question initiale : que dire à Garance et Joris sur la séparation de leurs parents ? La cohabitation avec la nouvelle venue, la mystérieuse petite Émilie, Maud en fait visiblement son affaire. Souvent, il vous semble en ces circonstances tellement plus évident de rendre heureux l'enfant de l'Autre (auquel vous allez pourtant prendre son grand amour, son père) que de ménager votre « ex » : la douleur d'un adulte est plus bruyante que celle ressentie par l'enfant, l'amour-propre meurtri rugit, les blessures sont ouvertes. Certes, mais, pour détournée que soit leur expression, les révoltes de l'enfant de l'Autre risquent aussi de former l'arrière-plan quotidien de votre nouvelle vie.

– Que vais-je dire aux enfants, docteur, pour qu'ils ne soient pas choqués ? Je voudrais tellement qu'ils sachent que nous les aimons, que Guillaume comme moi les aimerons toujours, toute notre vie...

Maud pleure, consciente de l'énorme travail psychique auquel vont être soumis ses petits, de l'impossibilité pour eux de concevoir la séparation de leurs parents de naissance.

J'explique, comme toujours en de telles circonstances, que l'important pour les enfants n'est pas tant de les assurer de l'amour qu'on leur porte : nous les aimerons toute notre vie, encore heureux ! Pourquoi ne les aimerions-nous plus ? Non, le plus urgent est de leur dire « papa et maman resteront toujours des amis. Tu vois, parfois, nous nous disputons, lorsque nous sommes en colère. Mais l'orage passé, nous nous réconcilierons toujours, parce que nous nous aimons. D'une autre façon, mais papa je l'aimerai toujours, je l'aiderai toujours ». Car vous pouvez aimer d'amour, mais vous pouvez aimer aussi d'affection, d'amitié... Pour les enfants, savoir que le couple parental a un sens, qu'il gardera une solidarité, voilà l'essentiel. C'est plus important que de savoir si vous dormez sous le même toit, dans le même lit.

– C'est entendu, répond Maud, mais ce sera difficilement crédible. Mon mari ne décolère pas et ne veut même plus m'adresser la parole...

– Bien sûr, il est humilié de votre départ, de votre échec de couple. Et c'est cet affront-là qu'il faut éviter, ou réparer au plus vite, pour que les enfants n'en souffrent pas. Moi, chère Maud, je me souviens de vos nombreuses visites ensemble. Vous avez eu des liens forts.

Dites à votre mari pour quelles qualités vous l'avez admiré, ce qu'il vous a apporté, ce qu'il vous apportera encore. Même s'il n'est pas en mesure de l'entendre actuellement, les plaies cicatriseront plus vite. Et c'est ainsi que vous protégerez le mieux vos enfants. Rassurez-les donc sur l'affection qui vous liera toujours à leur père...

Maud écoute avec toute la sensibilité qui la caractérise. Cette femme est étonnante de finesse intellectuelle. Mais sa question concerne avant tout ses propres enfants ; elle n'imagine pas deux secondes les difficultés qui peuvent se présenter si elle ne se prépare pas à bien accueillir l'enfant de l'Autre. Je m'attends donc à revoir la tendre Maud, quelques consultations plus tard...

Même si votre nouvel amour vous dit combien l'enfant réclame le remariage de son parent, se faire adopter de ce petit vous demandera un grand respect de sa sensibilité.

Nous fêtions l'autre jour un anniversaire en famille :

– Que souhaites-tu à maman pour son anniversaire, Mélodie ?

– C'est un secret. Je lui souhaite quelque chose, très fort, mais c'est un secret.

– Alors tu peux nous dire un deuxième vœu pour maman, en plus du secret ?

– Ah oui, je lui souhaite cette année d'avoir un bébé.

Mélodie a 10 ans et sa jolie maman vit seule, depuis le décès du père, il y a un an.

– Tu sais, Mélodie, pour avoir un bébé, il faudrait d'abord trouver un papa.

– Eh bien... c'était justement mon premier souhait, dit la petite en rougissant.

Lorsque le parent est seul, l'enfant rêve souvent de le voir remarié, de le voir gai, aimé, protégé, d'avoir une vie familiale « normale », des vacances en famille, des repas où l'on puisse bavarder, rire, avec un « vrai » papa en chair et en os. La fragilité d'une mère seule pèse à l'enfant, qui s'en sent responsable et s'estime fautif de n'avoir pu retenir le père. Il porte comme une malédiction en lui. L'idée de restructurer la famille est extrêmement puissante. Aussi beaucoup de mères me disent : « Le jour où je trouverai un amoureux, cela se passera sûrement très bien car mon enfant rêve de ne plus me voir seule. »

Mais en réalité, le premier qui pointera le bout de son nez aura le plus souvent intérêt à faire un sans-faute ; car entre le beau-parent virtuel et l'homme (ou la nouvelle compagne) réel, il y a un gouffre... Et l'enfant pourra mobiliser la même énergie dans son hostilité passionnelle qu'il mettait dans ses plans de remariage... Il ne suffit donc pas que votre nouveau compagnon vous annonce « mon fils, ou ma fille, souhaite que je me remarie » pour vous faire adopter de son enfant !

La mère de l'enfant, « l'ex » de votre bien-aimé

La séparation des parents de naissance est toujours douloureuse pour le petit, mais pour les adultes aussi. Rancœur, blessures d'amour-propre, brisure d'un rêve de famille, besoin de justifier le divorce enlèvent toute objectivité aux deux parents. Ainsi, quelle que soit votre tendresse pour votre nouveau partenaire, évitez d'adhérer totalement au portrait qu'il vous tracera de son ex...

Une mère indigne. C'est ainsi qu'on me dépeint pour la première fois la mère de Paul et Antoine. Les garçons accompagnent leur demi-sœur, la jolie Laurène, un beau bébé joufflu. Il faut dire que, dès la première visite de Laurène, sa maman m'a expliqué qu'elle a ses deux beaux-fils à la maison : leur mère a abandonné le foyer quelques semaines après la naissance de son deuxième enfant ! J'ai suivi ainsi la petite, accompagnée parfois des garçons. Puis le père m'amena le grand, Paul, car il avait des difficultés à se concentrer à l'école. J'ai trouvé l'enfant déprimé, ai demandé à revoir le père seul. J'ai alors eu droit à la description d'une « mère frivole », partie avec un autre homme après la naissance du second, à peine remise de ses couches. Elle n'avait donc pas la garde des garçons, les voyait les week-ends et aux vacances.

Mais le hasard m'a offert une situation exceptionnelle, que j'ai rarement rencontrée en trente ans de pratique : Paul et son jeune frère sont venus me voir en compagnie de leur « mère indigne » quelques semaines plus tard : quelle ne fut pas ma surprise de découvrir que c'était aussi l'une de mes patientes, maman très attentive de deux bébés qu'elle me conduisait assidûment depuis 3 ans, ayant allaité le premier pendant 8 mois et recommençant avec plaisir pour le nouveau-né. Elle était venue avec les aînés parce qu'elle les avait à la maison ce samedi-là. À leurs réflexions à l'entrée du cabinet, elle avait réalisé qu'ils me connaissaient par le côté paternel de la famille séparée. Ce hasard m'a permis de comprendre combien le portrait que le père avait dressé de son ex-femme était loin de la réalité. J'ai revu celle-ci quelques jours plus tard pour la lecture d'un test fait au poignet du bébé et j'ai ainsi pu lui parler tranquillement : elle m'a raconté les circonstances graves qui l'avaient obligée à quitter précipitamment son premier mari et l'avaient empêchée de garder ses enfants, et combien elle avait pleuré. Elle était extrêmement soulagée de pouvoir parler de cette période, qu'elle avait enfouie dans sa mémoire, comme quelque chose de honteux. Je lui ai demandé si elle avait expliqué à ses fils pourquoi leur mère semblait les avoir abandonnés et si elle leur avait confié son malheur. Elle n'avait pas osé.

Connaissant cette femme sous un autre jour, j'ai pu suivre Paul, réparer l'image qu'il avait de sa mère, les encourager à se parler, et les résultats scolaires se sont rapidement améliorés, à une vitesse qui m'a étonnée. Il n'était pas question pour autant de couvrir le père d'opprobre, et j'ai demandé à le voir. La coïncidence des deux familles venant me consulter avait rétabli non pas la vérité, car il n'y a jamais de vérité objective dans ces situations, mais la souffrance de la mère et sa dignité. Le père en a cependant été ébranlé dans son système de défense, car lorsque le tableau d'un mauvais parent est ainsi dressé abusivement, c'est souvent parce que le conjoint délaissé y trouve un bénéfice psychologique quasi vital... Il lui était difficile de remettre en question l'image de « mauvaise mère » dont il s'était convaincu et qu'il avait dépeinte à sa deuxième épouse.

Cette histoire montre combien vous risquez de juger la mère de l'enfant de l'Autre à travers le prisme déformant des passions antérieurement vécues. C'est dire avec quelle prudence vous devez recueillir le discours, qu'il vienne de votre partenaire, de ses parents ou d'autres membres de la famille...

À l'inverse, si vous êtes un homme, vous risquez aussi d'être influencé négativement dans votre jugement du père de votre futur bel-enfant... Ce jugement pourra être préjudiciable dans vos rapports avec l'enfant lui-même. Quelle que soit la compréhension que vous devez témoigner à votre nouvelle amie, sachez que l'on n'est jamais objectif et qu'il faut vous garder de juger, par respect pour cet enfant que vous ne connaissez pas encore.

La « belle-mère-amie » que vous désirez être

C'est juré, vous serez une belle-mère modèle. Ou du moins une belle-mère juste, acceptable, tendre. Comment ne pas aimer un enfant ? Qui plus est, l'enfant de l'homme que vous aimez, de l'homme que vous voulez rendre heureux ? Oui, vous, vous serez une belle-mère juste et aimable. Pas de celles qui font mille réflexions à l'enfant de l'Autre sur sa tenue à table, son impolitesse à votre égard, ou ses mauvaises notes à l'école. Autant les parents biologiques sont conscients qu'ils ne doivent pas jouer à être les « copains » de leurs enfants, autant la belle-mère ou le beau-père choisit plutôt le registre de la camaraderie à défaut de l'autorité difficile à pratiquer avec « l'enfant de l'Autre ». Oui, vous vous le promettez, vous serez des amis... Mais est-ce si évident ?

Les rejets sont parfois passionnels.

Jessica a beaucoup grossi. À 9 ans, elle a déjà des vergetures tant le tissu de ses cuisses s'est tendu. Sa petite figure intelligente est noyée par les grosses joues, le double menton. Sa maman m'a demandé au téléphone, avant la consultation, de ne pas faire état de son embonpoint, car la petite en souffre. Mais, bien sûr, dès qu'elle monte sur la balance, elle fond en larmes. Je demande à la voir seule et la prie de me dessiner une famille. Elle me trace un très grand papa de dos.

– Tu es brouillée avec papa ?

– Non. Lui voudrait me voir, mais sa nouvelle femme refuse absolument. Il déjeune seulement de temps en temps avec moi. Il m'emmène au restaurant. C'est le seul endroit où nous pouvons nous voir.

En dépit de tous mes efforts pour convaincre le père de lui rendre visite, celui-ci restait totalement sous l'emprise de sa nouvelle épouse, qui lui avait fait une crise de nerfs en apprenant qu'il avait vu Jessica chez elle. Depuis, seul un déjeuner à l'extérieur était possible. La belle-mère refusait l'existence même d'une première fille et, malgré la naissance d'un demi-frère, Jessica n'avait jamais vu la nouvelle famille de son père. La porte lui était totalement fermée.

De mois en mois, au fil des rencontres-déjeuners, Jessica avait entièrement lié l'idée de voir son père avec la nourriture.

Même si une situation aussi caricaturale est heureusement rare, toute belle-mère peut avoir des a priori qui risquent de heurter l'enfant de l'Autre. Nombre de petites phrases révèlent ces tendances.

Ainsi Maud, qui montrait toutes les dispositions de sensibilité et d'ouverture pour être une belle-mère généreuse, m'a inquiétée un jour en faisant une réflexion sur l'enfant de son nouveau compagnon : « Émilie a été gâtée, élevée comme une “petite fille riche, très riche”, à grand renfort de nurses, de cadeaux et de vacances luxueuses. » Maud n'approuvait pas vraiment cette éducation, et selon elle cela lui aurait fait le plus grand bien de connaître une famille « normale ». Je lui ai dit qu'il est difficile de juger l'éducation reçue par l'enfant de l'Autre et qu'il faut se garder de le juger « trop gâté ». Maud m'a répondu qu'elle s'efforcerait d'avoir un comportement « juste ». Elle espérait être une bonne personne pour l'enfant. Pour un rôle si bien dessiné, nous avons préféré éviter le terme de « belle-mère ».

« Belle-mère », le mot n'a pas la cote, même si le préfixe est flatteur. Car il n'y a qu'un pas de la belle-mère à l'affreuse marâtre, si présente dans les contes de fées. Toute notre enfance a été peuplée par la fée Maléfique, la belle-mère de *La Belle au bois dormant*, par la reine de *Blanche-Neige* ou la marâtre de *Cendrillon*, des personnages à vous donner froid dans le dos. Aussi préférez-vous vous faire appeler par votre prénom : « Je ne me substituerai pas à sa mère, bien sûr, mais serai une amie. » Cela dit, laissez-moi vous rassurer quant à la raison pour laquelle les belles-mères sont méchantes dans les contes de fées : elles permettent à l'enfant de dédoubler l'image de sa propre mère. Comme celle-ci ne suscite pas que des bons sentiments (lorsqu'elle éteint la télévision parce qu'il faut se coucher, elle est plutôt Maléfique), l'histoire épargne l'image de la bonne mère en la doublant d'une marâtre que l'on peut détester sans danger. Les mamans n'aiment pas penser que leur enfant peut ainsi, par moments, avoir des sentiments aussi hostiles envers elles, mais ce sont bien sûr des fantasmes que l'enfant apprend à dominer en grandissant.

Ainsi, ma patiente en était certaine, elle serait une bonne belle-mère pour Émilie, qui l'appellerait Maud, en toute... amitié.

III

Qui est l'enfant de l'Autre ?

Ce n'est pas le fruit de vos entrailles

Vous n'êtes pas la mère de naissance de cet enfant. Or, le fait de mettre un bébé au monde, de le nourrir, de le changer, de le baigner, de guetter sa respiration la nuit, tout cela favorise l'attachement. Ces processus interactifs ont été aujourd'hui si bien décrits, en particulier par Brazelton, que l'on hésite beaucoup à séparer le bébé de la mère dès les premiers jours.

« Lorsque je confie mon bébé à une puéricultrice dès les premières semaines, ce sera ensuite un enfant que j'aimerai moins. » Je pouvais croire Mme L., car, mère de huit enfants, elle avait une solide expérience. Pour deux des naissances, elle avait eu des relevailles compliquées par des saignements épuisants. Une auxiliaire était venue s'occuper de ces deux-là, à plein temps. Et elle avait constaté que sa complicité avec eux était moindre. Son mari essayait de compenser car il la trouvait très injuste avec l'aîné, allant même jusqu'à me dire qu'elle était digne de « Folcoche » !

Or vous n'avez pas connu cette phase propice à l'attachement avec l'enfant de l'Autre. Ce n'est que bien plus tard que vous, belle-mère ou beau-père, avez vraiment fait connaissance avec lui, par le menu des gestes quotidiens. Il vous faut donc l'adopter, au sens propre du terme, et l'adopter tardivement, déjà chargé d'une autre histoire.

Dans son désir de recomposer une famille « normale », Maud était pleine d'assurance : c'était une chance qu'elle et Patrick aient eu deux filles du même âge, elles pourraient jouer ensemble, faire leurs devoirs ensemble, partager les mêmes sorties... Et Maud était certaine qu'elle considérerait Émilie comme sa propre fille. Tout en me faisant part de ces sentiments, son honnêteté intellectuelle l'obligeait à préciser :

– Bien sûr, je ne peux pas dire que j'aimerai Émilie comme ma propre fille, mais en tout cas je ferai tout pour la rendre heureuse. Je respecte tellement les enfants, je sais qu'elle a été malheureuse, même si elle est très enfant gâtée...

– Très enfant gâtée ?

Maud m'a expliqué que chez sa mère Émilie était vraiment surprotégée : elle ne manquait de rien, sa chambre était immense, pleine de jouets, les penderies emplies de vêtements, une nounou exécutait ses volontés au doigt et à l'œil. Connaissant la sensibilité de Maud, je ne pouvais douter un instant de la véracité de ses propos. En aimant Patrick, elle héritait en quelque sorte d'une « pauvre petite fille riche ». Et elle se faisait fort de la rendre heureuse : cette nouvelle belle-fille et sa petite Garance allaient devenir, imaginait-elle, comme deux sœurs. Émilie n'avait que 6 mois de plus que la fille aînée de Maud. Et le petit garçon aurait deux grandes sœurs. Toute à sa joie de bâtir une famille élargie, Maud voulait résolument ignorer les obstacles. Ou si elle les pressentait, elle se faisait un point d'honneur à les surmonter, d'autant que le père l'aiderait avec tout son amour.

Puisqu'elle avait cependant le souci de me demander conseil, j'essayai d'expliquer à Maud l'immense baril d'émotions qu'apporterait immanquablement une fillette de 7 ans dans son système, émotions souvent contradictoires, aux origines parfois lointaines.

Car l'enfant de l'Autre n'est pas porteur de votre passé. Non, cet enfant, vous ne l'avez pas désiré, vous ne l'avez pas conçu, vous ne l'avez pas porté. Le vôtre, vous l'avez imaginé depuis votre plus tendre enfance, vous l'avez rêvé, vous l'avez créé, vous l'avez attendu à deux, future maman et futur papa ; vous avez choisi avec émotion la maternité où vous vouliez rendre solennel le grand instant de sa venue au monde, vous avez choisi le gynécologue qui allait présider à sa naissance en toute sécurité, en toute complicité et vous avez fêté la venue de cet être unique, votre enfant. Vous avez pleuré, le père de votre nouveau-né – le vôtre, sorti de vos entrailles – a tremblé pour la douleur de sa femme, il a tremblé pour la vie du bébé, vous avez guetté ensemble son premier cri. Papa s'est précipité pour téléphoner aux parents, aux amis, pour annoncer la grande nouvelle : « Je suis père, nous sommes parents, il est né, notre enfant ! » Vous avez sangloté et ri à la fois, pris bébé sur votre sein et vous avez ensemble commencé à chercher les ressemblances, « Il a le nez de mon père », « Il a les yeux de ma mère » et puis vous avez débouché le champagne et tout le monde a respiré. Cette émotion inoubliable que je revis depuis trente ans à chaque naissance représente toujours autant de moments sublimes : la venue sur cette planète d'un bébé est si désirée aujourd'hui. Or, à la naissance de l'enfant de l'Autre, toutes ces émotions, vous ne les avez pas vécues. Vous ne pouvez même pas les vivre a posteriori, par procuration : Patrick en épargnera les détails à Maud, de peur de la blesser en évoquant un bonheur aussi intime avec sa première épouse. D'ailleurs, lui-même ne cherche-t-il pas à enfouir ses souvenirs au plus profond de sa mémoire, de crainte de souffrir, de souffrir du bonheur perdu, du bonheur gâché... Ainsi, entre votre enfant et l'enfant de l'Autre, il y a déjà une différence colossale : homme ou femme, vous n'en avez pas accouché !

Vous ne l'avez pas materné ni paterné, non plus. Et vous savez de quel poids pèsent les premiers pleurs, le moindre inconfort et le plus beau des sommeils, les petites grimaces pendant que bébé dort, les premières promenades en poche-kangourou, ce fabuleux corps à corps d'où naît l'attachement. À tel point qu'aujourd'hui dans les maternités nous conseillons de ne pas séparer dès la naissance la maman du bébé, car nous savons combien les premiers jours sont fondamentaux pour l'attachement. Comme on a beaucoup dit aux jeunes parents que « le bébé est une personne », vous avez infiniment porté votre propre enfant, vous l'avez nourri à la demande, vous vous êtes émus ensemble de son premier « arheu », de ses premiers sourires. Il vous a réveillée la nuit et, bien sûr, c'était attendrissant. Vous avez décoré sa chambre, mais finalement y dormait-il souvent ? Au début, oui, peut-être, parce que vous aviez certains principes éducatifs, mais combien de fois a-t-il imploré de ne pas aller au lit le soir, puis s'est réveillé la nuit, puis vous a réveillés tôt le matin et vous l'avez pris dans votre lit ? Tout le chemin charnel d'une extraordinaire complicité, peau à peau, dans l'odeur des corps emmêlés a créé une intimité avec ce bébé dont vous seul connaissez non seulement la couleur des yeux mais la pression des petits pieds dans votre dos pendant le sommeil, les mains qui se tendent pour aller dans vos bras. Ainsi votre enfant, soyons honnête, est le fruit de vos entrailles. Oui, avec celui-là, vous avez une complicité immédiate, une indulgence parfois incompréhensible pour les autres. Vous vivez dans une bulle d'amour dont la paroi immatérielle est infranchissable pour autrui.

Cette complicité est précoce aussi entre le bébé et son papa. Aujourd'hui, en effet, le jeune père partage bien plus qu'autrefois la grossesse de sa compagne. Il sait très tôt qu'il attend un bébé d'elle ; il en a partagé l'émotion. Il a peut-être assisté aux échographies, il a vu le petit embryon, très tôt par transparence dans le corps de son ex, il a même, s'il est allé chez le gynécologue, entendu son cœur battre. Il a peut-être pratiqué l'haptonomie, entrant ainsi en communication avec le bébé pendant la grossesse, bien avant qu'il naisse. Les publicités témoignent de cette complicité entre le futur papa et la maman, bien avant la conception. D'ailleurs, qui ne s'est pas attendri devant ces films faisant autant appel à la présence du jeune père que de la mère et témoignant ainsi de l'implication paternelle ?

Que vous soyez belle-mère ou beau-père, l'enfant de l'Autre, vous ne l'avez pas eu au sein ou vous n'avez pas donné, tremblant, ses premiers biberons en vous demandant si vous laissiez passer trop d'air, si vous le laissiez téter trop vite, s'il allait s'étouffer dans son berceau parce que vous aviez mal fait faire le rot. Vous ne vous êtes pas réveillé la nuit parce qu'il pleurait. Vous n'avez pas ressenti dans votre chair l'extase de l'enfant apaisé grâce à vous, vous n'avez pas envoyé le faire-part de sa naissance, vous n'avez pas entendu ses premiers éclats de rire, vous n'avez pas collé ses photos. Vous ne connaissez pas l'odeur de sa peau, vous n'avez pas vécu le réveil de ses nuits, vous ne l'avez pas vu s'endormir en suçant son pouce sur le canapé du salon parce qu'il ne voulait pas vous quitter, vous ne l'avez pas vu tout répandu, détendu, enfin assoupi après avoir mis tant de temps à l'endormir. Vous n'avez pas fait ses premiers pâtés de sable, ses premiers plongeons, vous n'avez pas décodé ses premiers mots, vous ne lui avez pas choisi ses premiers jouets en sortant du bureau. Vous ne l'avez pas conduit à l'école pour son premier jour de maternelle. Oui, vraiment, vous n'en connaissez pas le parfum, comme il ne connaît pas le vôtre.

Ainsi existe-t-il un immense trou de mémoire entre vous et l'enfant de l'Autre, un déficit sensoriel et affectif de plusieurs mois et, le plus souvent, de plusieurs années. Ce domaine inconnu fait que la complicité n'est pas naturelle : il faudra donc la construire. Non seulement vous ne connaissez pas son parfum, et il ne connaît pas non plus le vôtre, mais vous êtes plutôt cette odeur qui cherche à se substituer à l'odeur de sa mère ou de son père. La complicité avec l'enfant de l'Autre n'existe donc pas a priori, il va falloir la créer et ce sera une drôle d'aventure ! Car le terrain n'est pas vierge.

Maud ressent cette lacune dans l'histoire. Elle ignore tout des émotions qui ont certainement entouré la naissance d'Émilie. À l'époque, il semble que les parents s'entendaient bien.

– Mais voilà, le couple s'est brisé, bien avant que Patrick ne me rencontre. Je n'y suis pour rien. Chacun dans notre couple, nous avons traversé une période douloureuse. De toute la force de notre nouvel amour, nous voulons reconstruire un nid familial, un nid où chacun des trois enfants sera accueilli, une famille gaie, vous comprenez, docteur ? me dit-elle avec un grand sourire.

C'est vraiment un plaisir de voir comme Maud se réjouit. Elle est si certaine de réussir l'intégration de la nouvelle enfant à son propre cercle. Elle est surtout soucieuse de ne pas blesser trop vivement son premier compagnon et de lui permettre de ne pas se sentir séparé de ses enfants.

Je reçois Patrick quelques jours plus tard. Il me confirme son impatience à réunir tout « son » monde. Bien sûr, il n'avait pas prévu d'avoir une famille de trois enfants si soudainement élargie, mais il a tant souffert en deux ans de séparation qu'il se sent la force de gérer cette petite troupe. Les week-ends où il a eu la garde d'Émilie, il me décrit la difficulté pour un père qui n'a pas l'habitude d'assumer les tâches les plus « naturelles » :

– J'ai dû apprendre à la baigner, me dit-il. J'ai dû me résoudre à faire du poulet ou du jambon avec des pâtes ou de la purée à tous les repas, car elle n'aime rien d'autre ; mes tentatives pour lui faire manger du poisson ou des côtelettes d'agneau ont entraîné tellement de pleurs que j'ai renoncé. J'ai fait la queue chez McDonald's avec Émilie et ses copines courant partout, dispersées, et ne sachant pas ce qu'elles voulaient au moment où enfin nous arrivions devant la caisse. J'ai essayé de l'emmener au cinéma, mais les films qu'elle aime m'ennuient profondément. Je me sens très seul chaque fois, tandis que son ice-cream coule immanquablement en constellant son tee-shirt. Je me demande comment les femmes arrivent à supporter tout cela sans s'énerver. Je suis vraiment fatigué de cette solitude, et en même temps j'ai envie de voir mon enfant. Je pense que j'ai compris beaucoup de choses et que je saurai aider ma nouvelle femme, même avec deux enfants de plus. Je m'en fais déjà une joie : les week-ends seront très gais lorsque nous serons réunis, ou pour les vacances. Et, lorsque le père des enfants de Maud les prendra, Émilie sera chez sa mère, et nous pourrons avoir de vraies vacances de couple. C'est peut-être ces entractes qui m'ont manqué dans ma vie précédente...

Le nouveau compagnon de Maud est donc, lui aussi, tout à fait enthousiaste et prêt à faire s'entendre tout ce petit monde.

Ainsi, le plus souvent, vous, futur beau-parent, êtes impatient de rencontrer l'enfant de l'Autre. Vous pensez que rien n'est plus simple que de bien s'entendre avec un enfant. Vous avez tant entendu votre future compagne, ou futur compagnon, en parler, que vous en idéalisez le caractère. Vous avez vu des photos. En visite cachée chez leur mère, ou chez leur père, les dimanches où l'enfant n'est pas là, vous êtes entré timidement dans la chambre de ce mystérieux petit, véritable caverne d'Ali Baba, et entrevu son monde imaginaire. Vous avez même vu la photo de l'« ex », de l'autre parent, dans un joli cadre... Tiens, vous avez ressenti un petit malaise, une impression de terrible indiscrétion, comme si vous aviez violé le territoire intime de cet enfant... Mais vous vous êtes vite justifié : « Il faut que je le connaisse avant de le rencontrer. Chaque détail qui me permet de deviner sa personnalité est important. »

Il ne sera pas votre prolongement

Bientôt donc va survenir la première rencontre entre vous et l'enfant de l'Autre.

Il n'est pas votre héritier. Par héritier, il faut entendre

héritier spirituel, héritier génétique, le flambeau de votre famille, de vos valeurs, celui qui porte votre nom, votre avenir, qui transmettra votre flambeau de génération en génération, qui sera le père – ou la mère – de vos petits-enfants, celui qui continuera votre lignée sur cette terre. Cette mission, c'est votre enfant de naissance qui la porte, sur ses épaules, dans son cœur et dans sa tête.

L'enfant de l'Autre n'est donc pas votre héritier... et vous vous défendez même bien qu'il le soit ! Vous êtes jaloux (ou jalouse), jaloux de votre propre transmission, même si elle n'est pas capitalistique au sens économique du terme. L'enfant de l'Autre vous est « tombé dessus » ; vous ne l'avez pas désiré avant sa conception, vous ne l'avez pas conçu, vous ne retrouvez pas chez lui vos traits de caractère, votre morphologie, votre bouche, la couleur de vos yeux, vos expressions. C'est un autre, ou une autre, qui lui a donné ses gènes.

Vous n'avez pas de projet à lui transmettre. Son destin n'est pas le prolongement du vôtre. Lorsque vous étiez petite fille, lorsque vous jouiez à la poupée, vous imaginiez déjà l'enfant que vous auriez, l'éducation que vous lui donneriez. Vous avez d'abord rêvé de le nourrir, de l'habiller, de le promener, de le laver. Ensuite, vous avez joué à la maîtresse, en rêvant d'instruire votre futur enfant, de lui transmettre votre culture, de le diriger aussi. Puis, à l'adolescence, vous avez rêvé de faire le contraire de ce que faisait votre maman. Elle vous a donné des fessées ? Vous avez rêvé d'être très tolérante ; ou l'inverse... Vous avez décidé aussi de reproduire le meilleur de son éducation. Ainsi vous portez depuis longtemps votre « bébé de rêve ». Et vous aussi, futur beau-père : vous avez imaginé un garçon, pacifique ou sportif... Vous le projetez officiellement libre : « Je veux qu'il puisse choisir son destin, selon sa vocation. » Mais bien sûr, au fond de vous-même, vous avez un projet. On dit bien « élever » son enfant... Nous avons toujours envie qu'il soit plus épanoui que nous, qu'il compense nos insuffisances. Ainsi, vous voudriez qu'il fasse peut-être plus d'études que vous, ou qu'il concrétise ce que vous avez peut-être seulement rêvé. Ainsi, involontairement, soit en conformité avec votre modèle parental, soit en opposition, vous façonnez petit à petit votre enfant comme un artiste qui peint sa fresque avec souffrance, en guettant chaque réaction de la toile, des pinceaux, de la gouache, en essayant de parfaire le résultat, en essayant de ne pas briser la spontanéité. Autant de sentiments, de pulsions qui vous animent tout au long de l'éducation de votre propre enfant.

Et c'est un grand bonheur de voir les parents s'extasier devant chaque progrès de leur enfant, leur enfant de naissance, celui qui les prolongera. Lorsque, encore bébé, il scrute émerveillé son image dans le miroir qui jouxte mon lit d'examen, la maman s'exclame toujours : « Docteur ! Il se regarde ! » et elle est en extase, même si tous les bébés font de même. C'est le sien, et le nourrisson, percevant la joie qu'il déclenche sur le visage de sa mère, sourit à son tour. C'est cette interaction qui pousse le bébé à grandir, apprendre, faire des prouesses. Un peu plus tard, lors de ses premiers pas, vous essayez de le faire entrer seul dans mon cabinet, comme un petit pingouin malhabile :

– Il marche ?

– Mais, oui ! Ça y est !

Quelle fierté ! Quelle joie de pouvoir la partager !

Avec l'enfant de l'Autre, vous ne connaîtrez pas ces enjeux, ces tremblements, ces craintes, ces émotions. Et vous ne vous investirez pas de la même façon. Vous aurez plutôt tendance à le ou la comparer avec votre enfant idéal, ou votre enfant réel si vous êtes déjà mère ou père. Vous verrez ses manques plus vite que ses qualités. Ce schéma peut non seulement être appliqué en miroir pour le père, mais le trait doit en être même accentué : les hommes ont très souvent un projet social dominant les rapports affectifs, et attachent encore plus de valeur à la réussite intellectuelle, sociale, sportive...

J'avais ainsi suivi les deux filles de Mme B. depuis leur naissance, et nous nous étions beaucoup réjouies de leur éveil assez précoce. Elle arrivait toujours en consultation en se délectant des compliments de l'institutrice. Mais le départ du père fut douloureux et, pendant trois ans, elles ont vécu toutes les trois seules ensemble, Mme B. s'occupant de façon très attentive du travail scolaire des fillettes. Depuis son remariage, elle me parle du petit Vincent, le fils de son nouvel époux. Il a le même âge que sa fille aînée ; je ne le connais pas. Elle me dit qu'il a redoublé son cours préparatoire et a moins de facilités à l'école. Puis, en souriant devant la petite :

– Vous savez, docteur, maintenant nous cachons les bonnes notes pour ne pas avoir d'histoires. Car mon nouveau mari est irrité de voir qu'Élisa a de meilleurs résultats que son fils. Je ne vous cache pas que c'est difficile pour nous de ne plus pouvoir nous réjouir à visage découvert des réussites, mais je sens une telle tension chez le père de Vincent à ce sujet, il est tellement sombre quand ma petite revient avec une bonne note... J'ai remarqué qu'Élisa, sans même que je le lui aie dit, me donnait à présent son cahier lorsque je suis toute seule.

Élisa, qui joue avec les poupées, s'est immobilisée, écoutant sa mère, et je vois son petit visage se plisser, se renfermer, s'attrister pendant cette confidence.

En effet, cette difficulté à partager pleinement avec votre nouveau compagnon le projet que vous avez pour votre enfant est l'un des écueils les plus pesants dans une famille « recomposée ». Le « beau-père » ne peut pas être aussi sensible aux progrès que le père de naissance, la mère peut se sentir un peu seule. Et l'enfant aussi. Ainsi, non seulement vous ne vous projetez pas dans le destin de l'enfant de l'Autre comme vous le feriez pour le vôtre, mais souvent il y a rivalité. Les succès de l'enfant de l'Autre ne font que rendre plus douloureux les souffrances, les manques du vôtre. Ils vous renvoient à l'enfant imaginaire dont vous rêviez avant de le mettre au monde. Pour un parent, il y a toujours un fossé entre son enfant réel et l'enfant fantasmé avant la naissance. Vous rêviez d'une fille, vous avez eu un garçon ; peut-être que l'enfant de l'Autre est une fille ? Vous attachez de l'importance à la beauté (Dieu sait que les mamans me disent souvent à la maternité : « Vous pensez vraiment qu'elle est belle ? ») et peut-être trouvez-vous l'enfant de l'Autre mieux nantie sur ce point ?

Ainsi vous faudra-t-il une grande dose d'imagination, voire d'abnégation, pour reporter sur l'enfant de l'Autre une part de vos rêves. Sans pour autant le harceler de « c'est pour ton bien... », autre danger dont nous parlerons plus loin !

Il représente le symbole d'un amour antérieur

N'oubliez jamais que l'enfant a une complicité affective que je dirais archaïque avec ses parents biologiques. Vous le voyez accompagné d'une seule moitié de lui-même, celle ou celui qui est votre nouvel amour, mais il est imprégné de l'autre parent. Ce lien charnel, ne tentez pas de l'oublier.

Ma secrétaire avait ajouté le nom de Garance pour une consultation urgente sur mon carnet de rendez-vous ; je ne savais pas qui l'accompagnerait. Peu de temps avant, je ne me serais pas posé la question, certaine que les parents viendraient ensemble, comme à l'accoutumée. À peine venais-je de me faire la remarque que Garance était déjà là. Elle souffrait de maux de ventre intenses. Son père la portait dans ses bras, malgré ses sept ans.

– Elle a très mal, me dit-il avec des yeux de chien battu.

Il était gris, triste, ébouriffé, négligé. Lorsqu'il posa la petite, elle garda la jambe droite repliée dans cette position que nous appelons « psoïtis » et qui évoque une péritonite appendiculaire : lorsque le liquide infecté suinte à travers l'appendice et diffuse dans les voiles qui maintiennent souplement l'intestin, cette inflammation provoque une douleur telle qu'elle se propage jusqu'à la racine de la cuisse. Seule une flexion soulage légèrement la souffrance. Nous avons installé Garance sur le lit d'examen. Elle ne pouvait allonger ses jambes. Lorsque j'ai palpé son ventre, le moindre effleurement entraînait une réaction douloureuse de sa paroi abdominale, tendue comme une peau de tambour. Je pensais silencieusement au chirurgien qui serait encore joignable en cette fin de journée, et la rassurais en caressant sa main :

– Ne t'inquiète pas, ma puce, nous allons te soulager très vite.

Le père attendait mes décisions, silencieux, abattu. Mais quelque chose me dérangeait dans mon diagnostic... La langue de la fillette n'était pas blanche, ses mains étaient très fraîches. Elle avait bien déjeuné.

– Avez-vous pris sa température ?

– Oui, juste avant de partir : elle n'a pas de fièvre, 36°8.

J'ai décidé alors de prendre un peu de temps.

– Tu sais, ai-je expliqué à la fillette, parfois, ce sont les soucis qui nous font mal au ventre... – Et, me tournant vers son père : – A-t-elle des soucis en ce moment ?

– Eh bien, vous savez, avec la situation..., évidemment, ce n'est pas très drôle pour les enfants !

– Évidemment... Pour vous non plus, ce n'est pas drôle ?

– Oh ! Pour moi... ce n'est pas ce qui compte. C'est pour eux, docteur...

– Oui, si l'on veut. Mais les enfants ressentent ce que ressentent leurs parents. Il n'y a pas eux d'un côté, et vous de l'autre, vous savez.

Je tenais toujours la main de la fillette, allongée sur le lit.

– Eh bien, pour moi, c'est un effondrement brutal. Je n'aurais jamais pensé, vous comprenez... Je suis désolé de le dire devant la petite...

Il avait la gorge nouée et les yeux embués.

– Vous savez, Garance se rend bien compte de votre chagrin, cher papa. Je sentais, à la façon dont la petite ne me lâchait pas la main, qu'elle ne perdait pas une miette de notre conversation. Ce qui compte, pour elle, c'est que vous restiez toujours des amis, son papa et sa maman.

– Ce sera très difficile. J'aimerai toujours mes enfants, plus que tout. Mais Maud, je ne pourrai pas avaler ce qu'elle a fait !

– Pourtant, voyez-vous, je sais que vous y arriverez, avec un peu de temps. – Puis je m'occupai de Garance.

Elle avait allongé ses jambes, sans y penser. – Tu vois, moi je sais que tes parents s'aimeront toute la vie. Ils vont trouver une autre façon de s'aimer, car ce sont des personnes formidables, ils s'aimeront et ils s'aideront toujours. Pour l'instant, ce n'est pas facile, parce qu'il y a la colère... Il faut un peu de temps, mais tu verras, ils vont rester amis.

Puis j'ai palpé doucement son ventre : il était souple, et elle ne réagissait plus au toucher.

- On dirait que tu n'as plus mal ?

Elle m'a adressé un gentil sourire... Je me tournai vers son père :

– Il n'y a pas de signes flagrants d'appendicite. Ce sont des spasmes. Je lui prescris un médicament relaxant. Si ça recommence, appelez-moi aussitôt. Pourrais-je vous revoir avec la petite dans une dizaine de jours ?

J'ai senti que l'idée qu'il reviendrait avec elle, comme un père toujours présent, le rassurait. Ils sont repartis main dans la main.

C'était ma dernière consultation. J'ai eu du mal à me concentrer sur les résultats de laboratoire qui étaient arrivés par fax. Je pensais à Maud, à son nouveau compagnon, si certain de coller aisément les « pièces rapportées ». Imaginait-il l'immense complicité qui liait le père de naissance et la fille, cette complicité viscérale ?

Je ne pouvais m'empêcher de penser que leur histoire avait été emplie de tendresse, quels qu'aient pu être les malheurs cachés. Le nouveau beau-père devrait vivre avec deux enfants dont l'existence témoignait d'un puissant amour passé. Pour lui qui était très épris de Maud, ce rappel constant risquait d'être plus problématique qu'il ne se l'avouait. D'autant que le désarroi du père était immense. L'intelligence et la subtilité de l'aînée me portaient d'emblée à croire que la blessure paternelle retentirait sur leur vie. La fillette ne manquerait pas de rappeler à tout un chacun que papa avait un chagrin d'amour. Elle serait pour le nouveau compagnon un témoignage permanent du premier amour de sa jeune femme. Même si l'union des parents a été difficile, même si la séparation s'est faite sans ambiguïté, même si le nouveau partenaire se refuse à penser à ce précédent compagnon, il n'en reste pas moins que les enfants sont le prolongement de cet autre homme. Qu'il ait disparu, ou qu'il se fasse simplement rare, il sera présent : ses enfants en sont l'empreinte génétique et affective vivante.

Cette famille me touchait par sa recherche d'une solution épargnant les uns et les autres. J'aurai ainsi l'occasion de faire entrevoir au nouveau couple combien les blessures du père allaient faire souffrir les enfants. J'avais déjà dit à la jeune mère comme il serait fondamental dans cette situation d'épargner ce père au maximum, et je crois qu'elle m'avait entendue. Nous aurions l'occasion d'en reparler.

Il a vécu une guerre, cet enfant

Vous allez découvrir un petit bonhomme timide ou souriant, essentiellement préoccupé par sa *game-boy*, une fillette parlant avec ses Barbies. En apparence. Les enfants sont pudiques. Mais leur jardin secret est souvent miné des bombes qui ont conduit leurs parents à se séparer...

– Je sais pourquoi je suis comme ça, me dit Johan. Il veut dire « anormal ».

Car il a une trisomie 21 dite « en mosaïque » : certaines de ses cellules seulement sont atteintes, et son raisonnement n'est que partiellement entravé. Il a même des fulgurances intellectuelles qui, associées à sa sincérité lorsque nous sommes seuls, sans ses parents, lui permettent des analyses étonnantes.

– Je sais pourquoi je suis comme ça, c'est parce que lorsque la petite graine de papa a rencontré celle de maman, ça n'a pas collé. Vous comprenez, il y en a un qui est juif et l'autre qui est catholique. Alors, quand les deux graines se sont rencontrées, ça a explosé ! Et moi, je ne serai jamais normal...

Combien de fois la mère ne m'avait-elle pas parlé des dissensions religieuses qui minaient la famille ! Le conflit était d'autant plus lourd que la seule école dispensant l'enseignement spécialisé dont Johan avait besoin était une école catholique. Le père et la belle-famille y étaient tout à fait opposés. Le garçon comme sa sœur aînée avaient été témoins de nombreuses disputes à ce sujet. Le couple finit par éclater quelques années plus tard. La mère avait retrouvé un ami, mais elle se plaignait toujours de la dureté de ce beau-père avec les enfants. Comment pouvait-il comprendre ce qui leur passait par la tête ? J'avais bien tenté de lui donner quelques explications, mais cet homme estimait qu'il n'avait pas « de leçons à recevoir », car il était lui-même le père de deux grands enfants et n'avait pas eu de difficultés particulières avec eux. Il était difficile de lui faire comprendre la sensibilité de Johan, et la mère en souffrait.

Il n'y a pas de séparation sans souffrance parentale, et l'enfant en porte les cicatrices. La séparation est toujours une déchirure douloureuse. Je ne veux pas dire que le divorce est toujours une mauvaise solution ; je pense simplement que les parents et les beaux-parents doivent apprendre à mieux se connaître pour mieux épargner les enfants.

La problématique est bien différente – et assez stéréotypée – selon que l'on est le parent quitté ou le parent qui part.

Le parent quitté cumule blessure amoureuse et blessure narcissique. Il a besoin de restaurer son identité menacée. Le plus souvent, il choisit pour cela de combattre contre celui qui l'abandonne, en prétendant protéger ses enfants, bien sûr. Mais peut-on épargner un enfant en se faisant la guerre ? De toute façon, si l'enfant va mal, ce sera la faute du lâcheur, donc le vengeur peut avoir la conscience tranquille...

Le parent qui décide de partir n'endure pas les mêmes blessures. Mais sa décision est l'aboutissement de souffrances accumulées et, le plus souvent, longtemps tues afin de préserver le couple. Une fois la séparation consommée, les griefs s'expriment, qu'ils soient de l'âme ou du corps, ou qu'il s'agisse de reproches servant de paravent à des blessures plus anciennes, indicibles. Parfois, le désir d'épargner l'enfant fait régner autour de lui un lourd silence, dont il n'est que trop conscient.

Il vous faut donc, vous qui souhaitez reconstruire un foyer chaleureux, savoir que vous allez cohabiter avec un enfant blessé. Même si l'on vous dit qu'il va bien, même si l'histoire est ancienne, même si tout a l'air de s'être passé « à l'amiable », traitez cet enfant comme s'il était de cristal : il est d'une infinie fragilité. Je vais vous y aider.

IV

La rencontre avec l'enfant de l'Autre

C'est avec un mélange d'enthousiasme et d'étrange timidité que vous partez généralement à la découverte de ce petit. Vous êtes prêt, ou plus encore peut-être, prête à l'adopter, tout en vous réfrénant intérieurement : ce n'est pas votre enfant, et vous ne remplacerez pas son père, sa mère. D'ailleurs, ce n'est pas ce que vous souhaitez. Simplement, vous aimez son autre parent, donc vous devrez vous entendre. En tout cas, vous êtes bien décidé(e) à faire tout ce qu'il faut...

Le « non-dit »

Pendant le temps du « non-dit », vous pensez généralement que l'enfant ne sait rien. Officiellement, personne ne sait rien. Mais plus jeune est votre petit protégé, plus il a des antennes qui devinent tout !

Qu'est-ce qui pouvait bien expliquer le sale automne que passait Alexandra ? Je la suivais depuis la naissance et voilà qu'à 6 ans elle commence à faire de l'asthme, alors qu'elle n'a eu aucune crise jusque-là, aucune bronchiolite étant nourrisson. J'ai beau parcourir minutieusement son dossier, je ne trouve nulle trace de crises respiratoires. D'ailleurs, sur le carnet de santé non plus n'apparaît aucun appel en urgence, la nuit, pour des épisodes de dyspnée. Ses bronches n'ont pas été sensibilisées par un de ces virus qui circulent dans les crèches, car elle est gardée à la maison. Pourtant, depuis la rentrée, Alexandra enchaîne crise sur crise. Ce matin-là, elle arrive à ma consultation à l'hôpital complètement essoufflée, après une nuit passée assise sur son lit, à inhaler des aérosols sans succès. Après l'avoir placée sous oxygène et fait administrer des bronchodilatateurs, je demande à la maman s'il y a eu des changements dans l'environnement familial, l'arrivée d'un nouvel animal domestique, peut-être a-t-elle commencé à faire du poney ? Rien.

Sa mère est une jeune femme active, élégante, qui a créé avec fierté sa propre boutique de vêtements. Elle est mariée à un homme plus effacé, représentant de commerce, calme, paternel et doux. Il m'est souvent arrivé de le voir avec sa petite famille, mais il n'est pas venu aujourd'hui. Sans doute à cause du caractère urgent de la visite. Les G. ont trois filles superbes, mutines et très ouvertes. J'ai connu la petite troupe à la naissance d'Alexandra, la dernière, et j'admire leur maman pour sa capacité à gérer aussi bien sa vie de famille que sa vie professionnelle.

L'aérosol continue à diffuser en chuitant dans le masque dont l'infirmière vérifie la bonne position sur le visage de la fillette. L'écran numérique placé à la tête du lit nous rassure : il y a suffisamment d'oxygène dans le sang d'Alexandra.

– Peut-être a-t-elle des contrariétés psychologiques depuis la rentrée ? Une institutrice trop sévère ?

La mère fait une moue dubitative. Je me tourne vers la fillette :

– Tu l'aimes bien, ta maîtresse, cette année ? – Elle hoche la tête en tenant son masque. – Tu l'aimes beaucoup ? Oui. Ou un peu seulement ?

J'insiste, car souvent les enfants n'osent pas dire leurs sentiments négatifs contre une personne aussi importante que leur maîtresse. S'ils ne l'aiment pas, ils pensent que c'est eux qui sont en cause... mais lorsque je les mets à l'aise, lorsque j'autorise une pensée critique, dans le secret du cabinet, les craintes peuvent se dire. Pourtant Alexandra est formelle : elle aime beaucoup sa maîtresse.

C'est à ce moment que sa mère me demande si nous pouvons passer dans mon cabinet pendant que la petite fait son inhalation avec l'infirmière. Elle est agitée, volubile, son téléphone mobile sonne, elle l'éteint après avoir murmuré quelques mots en s'excusant. Je l'invite à s'asseoir. Quand enfin elle se calme, elle m'explique qu'elle a besoin de conseils par rapport aux enfants, car elle s'apprête à se séparer de son mari pour un autre homme dont elle est tombée amoureuse.

– Mais, me dit-elle, je veux faire l'indispensable pour que tout se passe bien pour mes enfants. Pour l'instant ils ne savent rien. Alexandra non plus.

Je me suis toujours demandé comment les parents peuvent penser que les enfants sont aveugles. Dès que j'avais aperçu la mère d'Alexandra, et une fois la crise d'asthme maîtrisée, quelque chose m'avait troublée : Mme G. avait maigri, elle était encore plus élégante, elle agitait des bracelets précieux à ses bras. Les enfants sont bien plus observateurs que nous, ils sont plus perceptifs au plan sensoriel, alors que les adultes ont été habitués à inhiber leurs sens au bénéfice de leur raison.

Les enfants perçoivent donc plus finement les sons, les odeurs, les couleurs, les émotions, bien au-delà des paroles. Ces fillettes ne pouvaient voir leur mère ainsi, plus élégante que jamais, fébrile dès que son portable sonnait, secrète et chuchotante, sans se dire qu'il se passait quelque chose d'important dans sa vie. Je voulais bien croire que le mari ne se doutait de rien, mais j'ai dû expliquer à la maman que, à mon avis, ses enfants avaient parfaitement senti qu'il y avait anguille sous roche. Elle me regardait amusée, soutenait qu'elles ne pouvaient rien deviner, que leur papa voyageait beaucoup et que personne ne savait qu'elle était amoureuse.

– Elles me reprochent simplement de rentrer tard et de ne pas être assez souvent là. – Tiens, tiens... – De toute façon, je vais bientôt clarifier la situation, a-t-elle ajouté face à mon air perplexe.

L'infirmière est entrée avec Alexandra, qui respirait mieux. Tandis que je rédigeais l'ordonnance, nous sommes convenues de nous revoir rapidement.

Ainsi, avant même la rencontre, l'enfant de l'Autre a souvent deviné l'arrivée d'un nouveau personnage dans sa vie. Votre comportement, vos nouvelles préoccupations, vos nouveaux habits, votre emploi du temps sont autant de signaux qui lui permettent de capter ce qui se trame. Combien de fois lorsque je travaille avec un enfant seul m'apparaissent sur le dessin qu'il trace l'amoureux de sa maman ou des cœurs plein la page ? La période du non-dit n'est pas une période de non-perçu. Or, plus lourd est le secret, plus il est prolongé, plus le nouveau compagnon, la nouvelle compagne, arrivera en terrain miné, même si l'on est persuadé que l'enfant sera au bout du compte heureux. Présenté sans préambule, le nouveau compagnon risque de se voir rejeté avec toute l'énergie dont sont capables les enfants effrayés.

Daphnée vit seule avec ses deux petits. Elle vient me consulter pour une toux rebelle chez son fils aîné. L'auscultation est normale ; la toux est à l'évidence d'origine psychologique, avec un raclement de gorge accompagné d'une remontée des épaules.

– Il ne serait pas un peu contrarié en ce moment ?

– C'est plutôt moi qui devrais l'être ! Il est méconnaissable, lui qui est habituellement si bien élevé. N'est-ce pas, Armand ? Tu veux dire au docteur ce qui s'est passé hier soir ?

– J'ai été démoniaque, m'annonce Armand, dans un éclat de rire.

Sa maman, qui est une merveilleuse chanteuse, me raconte qu'elle avait invité à dîner un nouveau musicien de l'orchestre dont elle fait partie.

– Cela s'est très mal passé, docteur. Alors que j'étais heureuse de recevoir cet ami à la maison, j'ai été très déçue par Armand. Il a tout de même déjà 13 ans, et il s'est conduit d'une façon épouvantable pendant le repas, faisant des réflexions désagréables, un bruit infernal, empêchant toute conversation. Il m'a gâché la soirée alors que, vraiment, ce musicien venait juste pour faire connaissance. C'était tout simplement une relation amicale.

– Tu parles, répond Armand, j'ai vu comme il te regardait !

Ainsi le non-dit ne tient pas longtemps la route avec les enfants.

Ils devinent. Alors même que vous venez à peine de faire connaissance, que vous ne vous êtes pas déclarés l'un à l'autre, les sentiments amoureux leur sautent aux yeux. S'ils craignent que vous ne restiez pas seul ou (seule), tout disponible à leurs besoins, ou s'ils trouvent la personne antipathique, ils deviennent aussitôt « démoniaques », pour reprendre le terme d'Armand. S'ils sont animés du désir de vous voir heureux, trouvent la personne sympathique, ils feront alors preuve de bonne volonté et auront un comportement positif, mais ce bon mouvement initial ne veut pas dire que l'avenir se passera systématiquement bien !

Rien n'empêche pour autant que vous ayez votre quant-à-soi et protégiez votre intimité. Cette perception aiguë qu'ont les enfants de nos sentiments ne signifie pas que vous devez automatiquement révéler et expliciter une situation que vous voulez garder secrète ou qui vous paraît peut-être encore provisoire. Sensibilisé au fait que les petits ont déjà sorti leurs antennes, avant toute révélation, vous serez simplement plus attentif pendant les présentations. N'oubliez jamais que l'enfant de l'Autre est une personne !

La révélation

Lorsque, enfin, vous rencontrez votre future belle-fille, votre futur beau-fils, n'en faites pas trop ! L'enfant demande du respect, pas de l'obséquiosité.

La consultation s'annonçait toute simple :

– C'est une visite de rentrée, m'a dit la mère de Marie, le professeur de tennis nous demande un certificat, alors j'aimerais en profiter pour vérifier sa croissance.

Les consultations d'adolescent sont toujours assez longues. Et j'ai vite compris que celle-ci le serait particulièrement : Marie s'était affalée sur sa chaise et ne semblait pas pressée de se déshabiller. Elle portait des bottines à la mode, de ce modèle dont le laçage exige à lui tout seul pas mal d'énergie.

– Allez ! Marie, dépêche-toi ! l'enjoignait sa mère sans grande conviction – et sans le moindre résultat.

J'ai ajouté :

– Tu veux que je te mesure ? Je ne pourrai pas le faire si tu gardes ces chaussures.

À 13 ans, cette proposition est généralement décisive car à cet âge les préoccupations de taille travaillent les enfants. Je fus étonnée de voir que Marie ne se décidait toujours pas. J'ai donc prié sa mère de nous laisser seules, et la jeune fille a fait un geste victorieux. J'en ai conclu que quelque chose clochait et qu'elle souhaitait se confier. Je connais Marie depuis la naissance, elle a parfois dit à sa mère qu'elle voulait être pédiatre, ce qui me semble de bon augure pour notre relation. À présent elle se déshabille en souriant. Je lui demande si elle a des soucis :

– Non, ça va, me répond-elle.

Je la pèse, je la mesure, je l'ausculte. Elle est gentille, les résultats l'intéressent. Mais elle met du temps à se rhabiller, traîne, ne s'assoit pas. Visiblement, elle ne veut pas que je fasse revenir sa mère, que la consultation prenne fin. J'en profite pour tester sa vue, examiner son dos. Je commente les résultats avec ma « future collègue ». Tout l'intéresse, les « pourquoi » et les « comment » fusent. Mais j'ai toujours l'impression de tourner en rond, de ne pas être encore au cœur de la consultation. Histoire de nous donner un peu plus de temps, je prends machinalement sa tension. En dépliant son bras pour enfiler l'appareil, je vois qu'elle a de l'eczéma au pli du coude. J'étends l'autre bras ; il y en a aussi.

– Je ne me souvenais pas que tu avais de l'eczéma ?

– Avant, je n'en avais pas. C'est depuis que j'ai rencontré ce maudit chien, l'autre jour.

– Vous avez un chien ?

– Non ! Heureusement ! Mais maman nous a emmenés au restaurant avec un chien.

– Avec un chien ?

– Oui, le chien de son jules. Un affreux clébard plein de longs poils. Depuis je n'arrête pas de me gratter. Je suis allergique.

– Tu as mal supporté ?

Devant ma phrase volontairement vague, qui ne précisait pas si elle avait mal supporté le chien ou « le jules », elle fond en larmes.

– Il est affreux. Il m'a posé des questions stupides, du genre, « et alors, tu as quel âge ? Et comment ça va en classe ? Et à quel collège vas- tu ? » Il bavait, il était dégoûtant, avec ses poils jaunes. Ma mère ne faisait même pas attention à moi. Sauf quand j'ai renversé mon verre de Coca. Alors là, le drame ! Elle était complètement gênée, comme si elle avait peur qu'il nous juge mal. Ce type, je le déteste ! Si maman le fait entrer à la maison, c'est simple, je fugue !

En fait de consultation « de routine », il s'agissait d'une visite de crise. Marie n'a accepté de se rhabiller que lorsque je lui ai promis de la revoir le mercredi suivant... En sortant, j'ai perçu le regard inquiet de sa mère. Je n'ai donc pas été étonnée de son appel une heure plus tard.

– Docteur, que s'est-il passé avec Marie ? Elle n'a rien voulu me dire, elle est partie s'enfermer dans sa chambre. Elle ne semble pas bien.

– À votre avis, que s'est-il passé en effet qui aurait pu la contrarier ces jours-ci ?

Il y a eu un silence.

– Elle vous a dit que je lui avais présenté mon nouvel

ami ? Je l'ai fait parce qu'il y a longtemps que nous avons une relation cachée. Maintenant qu'elle est stable, je pense que le moment est venu de les faire se rencontrer. Il a été très gentil avec elle, vous savez.

Elle faisait certainement ce qu'elle pouvait. C'était une femme très sensible et concernée par sa fille. Elle vivait seule depuis que son mari l'avait quittée brutalement il y a de nombreuses années et je l'avais toujours trouvée digne et courageuse. Le meilleur service que je pouvais lui rendre était sans doute de parler au futur beau-père. Je le lui ai proposé.

– Je ne crois pas qu'il sera d'accord, m'a-t-elle répondu.

Son ton avait changé. J'ai senti que je lui posais là un problème pouvant mettre en péril sa relation. Les hommes, je dois le dire, acceptent plus difficilement que les femmes les entretiens à caractère psychologique (mais ils ont tout de même beaucoup évolué et discutent plus volontiers qu'il y a vingt ans.) Nous sommes convenues que, Marie ayant actuellement de l'eczéma, il était au moins utile que je la revoie dans une semaine. Nous espérons, sa mère et moi, aider l'adolescente. À défaut de voir le beau-père, pour l'instant.

Nombre de parents organisent la première rencontre au cours d'une sortie festive, une promenade au square ou un déjeuner au restaurant. L'enfant a déjà deviné et souvent accepté l'idée que son père a « une amoureuse », que sa mère a un nouveau compagnon. Qu'est-ce qui va faire que votre première rencontre se passera bien ? Vous êtes sûrement décidé à être sympathique, avenant, drôle pour séduire cet enfant. Mais ce n'est pas le plus important. Bien sûr, l'intérêt que vous lui portez compte. Mais pas trop. L'enfant juge surtout la façon dont vous vous comportez avec son propre parent. Si vous êtes gentil, affectueux et attentionné avec sa mère, si vous apparaissez d'emblée comme un élément apaisant, protecteur, une source de joie pour lui (ce que Marie n'a justement pas ressenti), l'enfant sera déjà heureux et soulagé.

Mais tout ne dépend pas non plus de votre seule attitude. Il y a aussi le poids de la souffrance psychique dont nous parlerons souvent dans cet ouvrage, celle du parent absent, délaissé aux yeux de l'enfant. Si vous vous préparez à faire connaissance avec l'enfant de votre compagnon, sachez que, lorsqu'il vous rencontre, votre futur beau-fils ou belle-fille est habité par le chagrin de sa mère (ou de son père). Si celle-ci vit elle-même une histoire d'amour heureuse depuis la séparation des parents, si l'enfant trouve que c'est surtout son père qui est triste, la nouvelle compagne a toutes chances d'être bien accueillie. Par contre, si la mère est seule, l'enfant ne peut pas adhérer totalement au bonheur de son père. Vous serez tenue, peu ou prou, comptable de sa souffrance. Trop de bonheur d'un côté alors que l'autre souffre est insupportable à un enfant. Comme vous le voyez, lors de ces présentations, il ne suffira pas de faire des grâces pour être adopté. Et ce que je dis là est valable à tout âge, y compris chez les bébés, y compris à l'adolescence.

Je ne saurais donc que conseiller au « nouveau » d'être surtout extrêmement naturel et vrai, discret, lors de cette présentation. N'en faites pas trop, les enfants haïssent ce qui est forcé et artificiel. Dans votre for intérieur, considérez surtout cet enfant en lui-même : un enfant est toujours passionnant, mérite toujours d'être respecté. Conduisez-vous avec lui comme si c'était l'enfant d'un ami, ne recherchez pas tout de suite une relation affectueuse poussée.

On vit ensemble

La façon dont vous organisez votre nouvel espace de vie est révélatrice, souvent sans que vous en soyez conscient, de vos sentiments envers l'enfant de l'Autre. Une psychothérapeute de mon équipe m'en a donné un exemple éclatant.

Le père de Ninon ne comprenait pas pourquoi ses notes étaient si mauvaises et ses cahiers si mal tenus. Lors de la première consultation, il était venu avec sa deuxième épouse. Il avait la garde de la petite depuis un an, car la mère, qui essayait de se lancer dans une nouvelle activité professionnelle, n'était pas assez disponible. Cette répartition s'était faite d'un commun accord entre les parents. La belle-mère, une jeune femme avenante, se montrait affectueuse et attentive à la petite pendant la consultation. Et la fillette, malgré ses neuf ans, jouait de façon insouciante avec les jouets du panier pour bébés, sans se préoccuper apparemment de notre conversation. « Docteur, je ne peux pas avoir d'enfant moi-même. Alors, vous comprenez, Ninon, je l'aime comme si c'était ma fille. Mais nous sommes tellement déçus par ses mauvais résultats. Et puis, elle devient insolente... » Là, l'enfant m'a décoché un coup d'œil interrogateur. Nos patients nous jaugent souvent ainsi d'un regard perçant : « Tu peux me comprendre ou tu vas me faire la morale ? » Un sourire amusé, un mot aux parents et elle sait qu'elle est en terrain neutre, écoutant, ouvert. Nous pouvons travailler.

– Regardez donc comment elle est habillée, docteur.

Ninon portait un jean sombre, des baskets, un tee-shirt délavé.

– Je lui offre des petites jupes, des pulls superbes,

mais non, elle s'aime débraillée. Ses cahiers sont sales, ses vêtements sont sales... Elle ne porte que des pantalons, que des tenues de sport, un vrai garçon manqué !

La situation familiale semblait pourtant claire : les parents biologiques s'entendaient assez bien ; la belle-mère avait transféré son désir d'enfant sur la petite ; il fallait chercher un peu plus loin. Les parents étaient d'accord pour des entretiens avec une psychothérapeute, à condition que cela se passe chez eux car ils n'avaient pas une disponibilité suffisante pour se déplacer. On n'imagine pas l'importance d'une visite au domicile pour éclairer certaines situations mystérieuses. En effet, lorsque la psychothérapeute est revenue, elle a demandé à me parler : l'appartement de la famille était coquet, raffiné, propre et décoré, à l'image de la maîtresse de maison. Mais la chambre de Ninon était un capharnaüm innommable. Certes, l'enfant participait au désordre. Mais comment aurait-elle pu ranger sa chambre ? Elle était exiguë et emplie de cartons non défaits ; les meubles étaient étroits, les portes de l'armoire ne fermaient pas, les cahiers s'empilaient sur le bureau qui faisait aussi table de jeux, une figurine de télé, sorte d'« Action-man », se mêlait aux feutres séchés... Il y a des appartements modestes, des mères de famille débordées, des enfants désordonnés. Mais ce qui avait frappé ma collègue, c'était le contraste entre l'atmosphère coquette de l'ensemble et la pauvreté de la chambre. Elle me décrivait le grenier de Cendrillon. La poursuite de l'analyse révéla que la belle-mère avait en effet totalement adopté Ninon « comme sa fille ». Mais elle avait toujours rêvé d'avoir un garçon. Et la petite, sentant ce désir, s'y conformait pour lui plaire. La première démarche de la psychothérapeute a été de demander à voir la belle-mère en tête à tête. Elles ont fait ensemble le tour de l'appartement. En sortant de la chambre de

Ninon, elle a fondu en larmes. Elle était effondrée de se regarder avec les yeux d'une autre femme. Alors, elles se sont assises sur le canapé et ont pu commencer un travail sur son propre désir d'enfant. Quelques semaines plus tard, l'institutrice de Ninon parlait de métamorphose.

Bien sûr, on souhaiterait toujours avoir fait ce travail psychologique avec la belle-mère avant qu'elle ne projette ses fantasmes sur l'enfant de l'Autre. C'est dire que je trouvais intéressante la démarche de Maud lorsqu'elle est venue me parler de leur nouvelle installation.

Garance, sa fille, gardait la tête penchée, ses boucles blondes tombant sur son visage. Elle s'acharnait à déchirer les feuilles de papier que je lui avais données pour dessiner « une maison ». Elle les émiettait nerveusement.

– Pourtant, il était très beau, ton dessin, lui a dit sa mère.

J'ai demandé à la maman de retourner dans la salle d'attente et suis restée avec la petite.

– Tu avais dessiné deux maisons, non ?

– Si, mais ce n'est pas bien, d'avoir deux maisons.

– En ce moment, tu vis dans deux maisons ?

– Oui.

Elle commençait un tic de gorge. Elle, si volubile d'habitude, avait du mal à s'exprimer.

– Tu préfères que tout le monde soit ensemble, dans la même maison ?

– C'est surtout pour papa. Il est tout seul lorsque nous ne sommes pas avec lui, alors il est très triste.

– Et tu aimes rester avec lui ?

– J'aime bien parce que c'est ma maison, avec mes

affaires d'avant. Mais je m'ennuie parce que je n'ai pas maman avec moi. Et quand je suis avec papa, je ne sais pas quoi faire...

– Chez maman, tu t'ennuies moins ?

– Oui. Mais c'est chez Patrick, la grande chambre est pour Émilie, pas pour nous.

– Émilie, sa fille ?

– Joris et moi, on a la petite chambre pour nous deux, c'est tout.

Ainsi, lorsque l'enfant était chez son père, elle portait le poids du malheur et de la solitude paternels, dont elle se sentait confusément responsable ; et lorsqu'elle était avec sa mère, elle n'était pas chez elle. Je lui ai demandé comment nous pourrions faire. Il est passionnant d'observer la logique d'un enfant lorsqu'il essaie de résoudre un problème « de grand ». Avec la pédiatre, aucune culpabilité ne bâillonne l'expression. Nous avons donc pris une feuille de papier, et je l'ai aidée à faire le plan de la maison maternelle.

– Si tu t'installes dans la chambre d'Émilie, lorsque celle-ci reviendra le week-end, elle aura l'impression que Garance prend sa place. Tu aimerais ça, toi ?

– Non.

Elle hoche la tête avec un petit sourire entendu.

– Quelle pièce pourrais-tu occuper ? La chambre des adultes ? Ils dormiraient dans le salon ? On laisserait ton frère dans la petite chambre ?

Elle éclate de rire, relève ses mèches ; je retrouve son visage gai d'autrefois. Elle n'envisage pas deux minutes de déloger les adultes.

– Es-tu d'accord pour que je parle du problème à ta mère ?

Elle opine avec le sourire.

Lorsque ma secrétaire fait entrer Maud, celle-ci a l'air inquiet. Elle tourne aussitôt les yeux vers sa fille. Je la sens interloquée par le petit sourire détendu de l'enfant, mais celle-ci se referme vite sous l'insistance du regard maternel. J'évoque la situation.

– Je sais qu'il y a problème, me dit Maud. Ce serait plus logique de mettre Garance et Joris dans la grande chambre, puisqu'Émilie ne vient qu'un week-end sur deux. Mais son père ne veut rien entendre ; il est convaincu qu'il faut laisser cette chambre vide pendant toute la semaine, comme un sanctuaire. De toute façon, Émilie est une enfant gâtée.

– Ce n'est pas l'avis de votre fille. Garance comprend tout à fait qu'Émilie veuille garder ses habitudes.

– Ah bon ?

La mère se tourne étonnée vers sa fille qui hausse les épaules d'un air d'évidence. J'explique à Maud comme les notions de territoire sont importantes pour les êtres humains, pour les enfants plus encore que pour les adultes. Empiéter sur le territoire de la grande qui occupait la chambre antérieurement serait d'emblée un traumatisme dont elle risque de se souvenir à tout jamais. Et je la mets en garde contre l'idée « d'enfant gâtée » qui vient si facilement quand il s'agit de « l'enfant de l'Autre ». Nous discutons alors sincèrement des aménagements possibles. Aucune disposition ne paraît facile. Je demande si je pourrais voir Émilie pour en parler aussi avec elle et son papa. Garance est partie jouer dans la salle d'attente : même si aucun changement n'a été proposé, elle a « vidé » ses soucis en se sentant comprise, écoutée, partenaire des décisions.

L'attribution des domaines peut d'ailleurs être « à géométrie variable ». Maud m'explique comment Émilie réclame Garance dans la grande chambre pour dormir ensemble. Si les deux enfants, dans l'enthousiasme de la découverte, veulent coucher dans la même pièce, il me paraît sage d'avoir un matelas d'appoint qui le leur permette.

Et puis, il y a le petit frère. Le garçon, qui n'a que trois ans, peut paraître gênant aux grandes. À sept ans, elles sont à un âge où elles ont la manie du rangement, du travail à faire le soir, et doivent donc pouvoir fermer leur porte. Le garçon les perturbe. Déjà très sensibles entre frères et sœurs « du même lit », les problèmes de territoire jouent un grand rôle dans l'alchimie des relations entre quasi-frères et quasi-sœurs (c'est ainsi que la Caisse d'Allocations familiales appelle ces enfants qui ne sont ni frères ni sœurs, ni demi-frères ni demi-sœurs puisqu'ils n'ont aucun lien de sang, mais qu'ils sont amenés à partager leurs parents).

Lorsque je revois Maud et Patrick, ils ont décidé de mettre les deux filles dans la grande chambre. Dans l'enthousiasme de leur amour, ils idéalisent leur vie commune et sont convaincus qu'elles vont s'entendre merveilleusement. La belle-fille les accompagne, et le fait que je la reçoive seule dans mon bureau, comme elle sait que je le fais pour Garance, la conduit à m'adopter rapidement comme « sa pédiatre », à elle aussi. Étudier ensemble la problématique permet de prévenir les querelles avant qu'elles ne s'institutionnalisent.

Ces problèmes de territoire étant inéluctables dans toute famille où il y a des frères et sœurs biologiques, vous devez y être d'autant plus attentif dans la famille qui se recompose : vos enfants sont des intrus dans le domaine de l'autre. Si vous n'avez pas une chambre par enfant, essayez en tout cas que chacun ait un placard, un meuble de rangement qui soit son domaine personnel, où il puisse mettre de petits objets qu'il pourra retrouver après ses séjours chez l'autre parent.

Les lits superposés sont souvent prétexte à des querelles entre quasi-frères et quasi-sœurs ; j'aurais tendance à instaurer une règle immuable : le lit du haut est toujours pour le plus âgé. Étant donné le risque de chute, il est normal que la répartition se fasse ainsi, c'est un problème de sécurité et mieux vaut éviter de le négocier. Mais il arrive que ce soit vous qui débarquiez « chez lui », chez l'enfant de l'Autre.

– Pourquoi tu dors chez mon grand-père ? demande Pauline à Estelle.

La jeune femme bafouilla :

– Heu...

– Pourquoi tu as apporté ta brosse à dents ?

La question est directe, la petite a bien sûr tout deviné.

Ces « débarquements » sauvages peuvent être choquants pour l'enfant. Mieux vaut donc le préparer à cette nouvelle cohabitation qui, après tout, le concerne. Quel que soit votre enthousiasme pour votre nouvelle relation, quels que soient les effets bénéfiques que vous imaginez, l'enfant de l'Autre doit être averti des changements qui vont survenir dans son environnement. S'il pense qu'on pourrait ne pas le prévenir des séismes que vous allez provoquer dans sa vie, une sensation d'incompréhension s'installera entre vous. Les amoureux sont convaincus que ce qu'ils entreprennent, ils le font autant pour le bien de leurs petits que pour eux-mêmes. Aussi, ne consacrent-ils pas toujours assez de temps à préparer leur installation commune. Or, pour un enfant, voir un monsieur débarquer dans sa vie, s'asseoir à table, demander qu'on aille chercher de l'eau, critiquer peut-être, l'observer dans ses petites manies, prendre sa place préférée sur le canapé du salon, se renfrogner lorsqu'il vient se blottir contre sa mère le soir avant le coucher, tout cela mérite des explications. Quelles que soient les bonnes intentions de son futur « beau-parent », l'enfant de l'Autre ne peut pas tout comprendre, ni anticiper le bénéfice psychologique qu'il retirera de sa présence pour l'avenir.

Bien sûr, il est parfois difficile de tout concilier et de gérer votre vie d'adulte au mieux de vos sentiments, pour vous et pour l'enfant. Il y a toujours une part d'impondérable dans une histoire sentimentale. Il se peut que vous n'ayez pas pu vous-même préparer votre arrivée dans sa vie, car vous n'êtes peut-être pas en position sentimentale ou matérielle pour tout mettre en place dans l'ordre logique. Mais le caractère passionnel et mouvementé de certaines relations laissera ensuite des empreintes qui rejailliront sur les comportements de l'enfant.

V

« Belle-mère », « fausse mère », « demi-mère » ou « quasi-mère » ?

Vous préférez que l'enfant vous appelle « Chantal » ou « Martine ». Mais lui vous mettra vite à votre place et le mot – et le ton ! – choisi dans le secret de la consultation sera très révélateur.

J'avais à peine ouvert la porte de mon cabinet ce jour-là que la nouvelle belle-fille de Maud, Émilie, se précipita dans mon bureau. Jusque-là, je ne l'avais rencontrée qu'une fois, seulement en compagnie de son père et j'étais amusée de la voir faire comme si elle était chez elle.

– Tu es venue seule ?

– Non, avec ma belle-mère, dit-elle avec un sourire aimable en me désignant Maud, sur le pas de la porte.

– Ta belle-mère... enfin... – Maud rectifia à mon intention. – Nous ne sommes pas encore remariés, Patrick et moi !

Elle précisait, avec toujours ce souci d'honnêteté morale que j'admirais chez elle.

– Tu es ma belle-mère, moi je dis à toutes mes amies que tu es ma belle-mère ! proclama l'enfant.

– C'est un terme que je n'aime pas beaucoup, s'expliqua Maud à mon intention. Je préférerais qu'elle m'appelle tout simplement par mon prénom.

Je l'ai rassurée :

– Elle le dit fièrement, avec un bon sourire. C'est plutôt positif pour vous ! N'est-ce pas, Émilie ?

Elle opina de la tête d'un air entendu. Nous nous étions comprises.

Mais il est vrai que le terme de « belle-mère » n'a pas la cote. La « belle-mère », c'est déjà la mère de votre mari, celle qu'on imagine possessive, surpuissante, celle qui vous fait des remarques chaque fois qu'il manque un bouton à sa chemise ou que vous ne faites pas la salade de tomates en enlevant la peau, « comme il aime ». Heureusement, ces schémas anciens de belles-mères sont souvent obsolètes pour les jeunes parents. Je connais nombre de mamans qui viennent avec leur belle-mère et montrent des rapports harmonieux et remarquablement solidaires.

Mais la « belle-mère », c'est aussi la marâtre des contes de fées, la reine de *Blanche-Neige*, la fée Maléfique de *La Belle au bois dormant* et la marâtre de *Cendrillon*. Nous avons vu que si les belles-mères sont ainsi décrites dans les contes de fées, c'est pour dériver sur un substitut les sentiments agressifs que l'enfant éprouve envers sa propre mère. Il est donc plus supportable d'inventer un double malveillant. Lorsque votre enfant écoute l'histoire de Cendrillon, il préfère penser qu'il peut avoir des sentiments haineux contre la belle-mère, même s'il lui arrive d'être très agressif à l'égard de sa propre mère. Mieux vaut fantasmer l'hostilité envers maman en la dérivant sur une marâtre ! Mais bien sûr, cela a donné au terme de « belle-mère » une connotation très négative. D'ailleurs, disons-le franchement, s'il paraissait plausible de donner ce rôle aux belles-mères dans les contes de fées, c'est parce qu'à cette époque où beaucoup d'enfants étaient orphelins, ils étaient en effet sous la tutelle d'une belle-mère. Même si toutes n'étaient pas méchantes, si beaucoup étaient bienveillantes, les rapports mortifères dont ces contes sont imprégnés soulignent à quel point il est difficile d'avoir de bons sentiments, ou en tout cas des sentiments justes, pour l'enfant de l'Autre.

Voilà pourquoi la plupart d'entre vous préfèrent se faire appeler par leur prénom que « belle-mère ». Et de même pour les hommes. Cet usage du prénom pour vous désigner est d'autant plus naturel pour l'enfant que, dans le nouveau couple, les adultes s'appellent réciproquement par leur prénom, alors qu'on dira plus facilement « papa » et « maman » dans le couple de naissance de l'enfant. Vous êtes plus dans la relation amoureuse que dans la relation parentale, puisque vous n'êtes pas ses deux parents de naissance.

Mais lorsque l'enfant est seul avec ses amis, ou lorsqu'il s'ouvre à moi, il dit spontanément « ma belle-mère » ou « mon beau-père », positionnant ainsi les rôles plus fermement que par le prénom de la personne. Quand il ne dit pas mon « faux père » comme je l'ai entendu dire à une petite fille qui bien sûr n'aimait pas son beau-père et ne lui reconnaissait aucun droit d'autorité sur elle.

« Belle-mère » ou « Maud », de toute façon, ma patiente allait s'efforcer, c'est certain, d'être bonne pour Émilie ; et la petite le sentait, puisqu'elle me la présentait fièrement avec un sourire gratifiant. Les ondes étaient bonnes entre ces deux-là, ce qui était d'excellent augure.

Le poids de votre propre histoire

Lorsque vous arrivez à ce moment magique où vous recomposez une famille, vous sortez souvent vous-même d'un malheur conjugal, et ce malheur conjugal pèse sur votre nouvelle histoire. Inconsciemment l'enfant peut le raviver.

Mme L. avait pris rendez-vous en urgence pour son beau-fils Julien. Celui-ci présentait depuis le matin des signes de cystite : il avait du mal à uriner, et la jeune femme avait l'air excédée. Tandis qu'elle demandait à Julien de s'allonger sur le lit, j'ai senti l'enfant, qui me voyait pour la première fois, très craintif, retenant son slip avec les deux mains, de peur que je ne lui fasse mal. Je l'ai rassuré en lui disant qu'il n'avait pas besoin de se mettre tout nu et qu'il fallait d'abord que je comprenne. Je lui ai demandé de s'asseoir. Julien s'est détendu lorsque Mme L. m'a expliqué :

– Vous comprenez, ce n'est pas possible, il a des infections au niveau de son sexe, et des difficultés à uriner. Ce n'est pas surprenant, le pauvre petit n'est pas circoncis.

Je suivais en effet depuis leur naissance les deux garçons de Mme L., issus d'un premier mariage. Ils avaient été tous les deux circoncis au huitième jour, comme leur père.

– Et votre nouveau compagnon, le papa de Julien, est-ce qu'il est circoncis ?

– Oui, justement, et je ne vois pas pourquoi il n'a pas fait de même pour son fils. Mais j'ai cru comprendre que la mère s'y était opposée, et maintenant il a tout le temps des infections ! Docteur, est-ce que vous pourriez expliquer à son père qu'il faut circoncire Julien ?

Le petit garçon plissait le front et baissait les yeux, les deux mains toujours serrées sur son pénis. J'ai expliqué à Mme L. qu'il n'y avait aucun rapport établi entre les infections urinaires et la pratique de la circoncision, et que nous allions commencer par analyser l'urine du petit. J'ai demandé doucement à Julien de descendre du lit, je lui ai promis que je n'allais pas toucher à son sexe. Mon assistante l'a emmené aux toilettes pour qu'il puisse me donner quelques gouttes d'urine. Dans ce cas-là, j'explique toujours à l'enfant ce qui va suivre : tremper une petite bandelette – ce sera amusant de voir si les indicateurs colorés virent ou pas –, ce qui nous indiquera ce qu'il faut faire. Dès lors qu'ils comprennent, les petits font l'analyse avec moi, se comportent en vrais scientifiques. La bandelette a indiqué qu'il y avait des nitrites en grande concentration et même un peu de sang, signes d'infection urinaire. Je lui ai alors expliqué que je devais regarder l'état local, sans toucher et que c'était lui-même qui me montrerait, très délicatement. Il n'y avait aucune raison de décalotter son sexe. J'ai demandé à Mme L. d'aller dans la salle d'attente. Une fois que nous avons été seuls, l'enfant s'est laissé examiner doucement et j'ai pu vérifier qu'il n'y avait aucune infection du prépuce ; il s'agissait bien d'une infection urinaire « haute », sans rapport avec le décalottage ou la circoncision. Un simple antibiotique soulagerait l'enfant très rapidement. J'ai fait revenir Mme L. et lui ai confirmé que l'infection urinaire allait guérir sans intervention locale. Je lui ai suggéré de respecter la décision des parents de l'enfant. Comme elle revenait à la charge pour me dire que c'était la mère qui refusait la circoncision, je lui ai conseillé de laisser en effet à la mère le choix du geste, en accord avec le père, et de ne pas s'en mêler. Mais j'ai senti qu'elle n'était pas du tout ouverte à mon raisonnement.

Pour elle, il y avait un modèle d'homme, elle ne pouvait concevoir que l'on respecte la décision de l'autre femme. J'ai compris d'emblée que la blessure symbolique que représente la circoncision n'ayant pas été effectuée sur le petit garçon, c'était pour elle le signe visible qu'il ne faisait pas partie de sa tribu. Ainsi s'est cristallisée autour du sexe de l'enfant la différence entre les garçons de Mme L. et le petit Julien. Ses épaules rentrées et la tristesse de son regard m'inquiétaient. J'ai pris prétexte de l'infection urinaire pour exiger un suivi rapproché et demander qu'il revienne pour contrôler les urines la semaine suivante. Je pourrais ainsi, au fil des consultations, le voir avec son père, et peut-être parler de façon plus détendue à la belle-mère. Mais elle avait des raisons qui interdisaient de régler le problème en un nombre limité d'entretiens.

J'ai revu régulièrement cet enfant. Il a fallu compléter les examens, suivre les traitements antibiotiques et faire une échographie rénale. J'ai eu, grâce à ce programme, l'occasion de rencontrer sa mère biologique et j'ai pu observer à quel point le petit se comportait différemment avec elle. Il devenait jovial, ouvert, rieur, « bien dans sa peau ». Il était manifestement heureux que j'aie demandé à voir aussi sa mère et m'a laissée, un jour de consultation, seule avec ses deux parents, tandis qu'il allait spontanément jouer dans la salle d'attente. Sa maman m'a alors dit, devant son ex-mari, combien elle lui était reconnaissante de lui avoir offert le choix quant à la circoncision de son fils ; elle vivait cette liberté comme une marque de respect. Il était « tout sauf un macho ». Ce jour-là, elle a fondu en larmes et le père lui a passé le bras autour des épaules. (Je me suis toujours demandé pourquoi ces deux-là s'étaient séparés.) Lorsque j'ai revu la belle-mère quelque temps plus tard, c'était avec ses deux enfants, que je suivais depuis la naissance. J'en ai profité pour parler avec elle de sa propre enfance, de ses frères... Tous les hommes de sa famille étaient-ils circoncis ?

« Bien sûr, et j'ai toujours entendu mon père nous expliquer que ma tante avait trompé son mari avec un homme non circoncis et qu'elle avait attrapé des maladies à cause de ça. J'en ai toujours été terrifiée et n'ai jamais voulu avoir de liaisons qu'avec des hommes circoncis. » Ainsi se mélangeaient dans la tête de Mme L. ses rapports œdipiens, ses fantasmes amoureux et sa relation avec son beau-fils.

C'est dire combien la distance est parfois difficile à signifier entre « l'enfant de l'Autre » et vous. Avec votre enfant biologique, l'interdit de l'inceste est culturellement intégré. Avec « l'enfant de l'Autre » il faut être extrêmement vigilant car les images sont brouillées. Une belle-mère n'est pas la mère biologique, elle n'est pas la mère sociale de l'enfant depuis ses premiers mois, ses premières années. Elle est simplement une mère d'éducation à temps partiel, greffée après une première enfance dont elle n'a pas fait partie. Les rapports peuvent ne pas être maternels au point que des propos de nature incestueuse sous-tendent parfois des pensées conscientes : cette femme interprétait les symptômes de l'enfant selon les propos sexuels relatés par son père. Cette anecdote vous paraît peut-être caricaturale et exceptionnelle, mais lorsque vous pensez être objective, sachez que vous êtes porteuse de votre propre histoire, transmise de génération en génération... Votre passé pèse sur les épaules de « l'enfant de l'Autre ». Les interactions entre sa propre histoire et la vôtre sont beaucoup plus brutales que si vous aviez rêvé, conçu et élevé cet enfant. Il est souvent difficile de procéder aux aménagements psychologiques nécessaires pour qu'il n'y ait pas de traumatisme de part et d'autre. Tout beau-parent doit prendre conscience de son impossibilité à être objectif ; c'est déjà un grand pas en avant pour établir des relations sereines.

Bien sûr, vous ferez tout « pour son bien »

Voici les principales occasions où je vois s'exercer des comportements vexatoires sous le prétexte que « c'est pour son bien » :

- la tenue à table,
- les notes de classe,
- les devoirs et les leçons,
- la coupe de cheveux,
- la propreté,
- l'usage du téléphone,
- les achats vestimentaires,
- l'autorisation de pratiquer un sport,
- l'heure du coucher,
- la répartition des chambres en vacances,
- le choix des lits superposés,
- les règles de politesse (dire « bonjour » en particulier),
- la place sur le canapé pour regarder la télévision,
- les soins à donner à l'animal de l'enfant,
- la conversation (« tu ne dois pas interrompre les grandes personnes »).

Ce sont autant de circonstances où les belles-mères peuvent dispenser des propos blessants, sous couvert d'éducation. Quant aux hommes, ils adoptent plus souvent le masque de la « plaisanterie » avec l'enfant de l'Autre. Mais l'humour peut être une couverture facile pour diverses humiliations.

Corinne mouillait toujours son lit malgré ses 11 ans. Cela avait probablement une origine psychologique, car l'énurésie était apparue secondairement, après une période de propreté. Sa maman, médecin anesthésiste, très cultivée médicalement, l'avait bien compris puisqu'elle m'avait souligné que Corinne était parfaitement propre jusqu'à l'année dernière.

« Mais cette incontinence n'est certainement pas le fait de mon remariage, a-t-elle ajouté, puisque je suis déjà remariée depuis plusieurs années. C'est l'été dernier que Corinne a commencé à mouiller son lit toutes les nuits, et nous sommes très contrariés. Nous avons essayé divers traitements médicaux. Ils n'ont eu que des effets passagers. » Corinne est une jolie préadolescente aux cheveux châtains, coupés au carré, retenus par un serre-tête ; elle a l'air d'une écolière sage, ses yeux bleus transparents offrent un regard un peu vide malgré son gentil sourire. Je suis légèrement gênée de voir qu'elle baisse facilement le regard, l'air triste. Elle répond de façon lapidaire à mes questions. Je prie sa mère de nous laisser seules un instant, ce qu'elle fait bien volontiers, car sa formation médicale lui permet de comprendre le sens de l'entretien avec le pédiatre. J'encourage Corinne à me parler de ses soucis en lui expliquant que tout cela restera entre nous. Mais j'ai l'impression d'être devant une huître fermée. Veut-elle revenir pour un deuxième entretien ? Elle semble tout à fait partante et je lui demande, comme je le fais assez souvent lorsque j'ai des difficultés à communiquer avec un enfant ou des parents, de m'apporter l'un de ses albums de photographies. Lors de la séance suivante, je découvre son père biologique, qu'elle aime visiblement beaucoup : son visage s'éclaire lorsqu'elle évoque les vacances chez lui ; sa maman, à laquelle elle est très attachée, mais un peu tristement ; son petit chat ; et tout son univers de vacances. Je découvre aussi en photo, car je ne l'ai jamais rencontré, son beau-père et ses deux quasi-sœurs. Je vois bien que Corinne n'aime pas cet homme, ni ses filles, surtout la cadette qu'elle trouve très agressive à son égard. Dans ce nouvel ensemble, Corinne a le sentiment d'être dépossédée de sa mère. C'est classique, mais cela n'explique pas pourquoi l'énurésie est apparue depuis un an. Pendant que nous revenons quelques pages en arrière tout en bavardant, je vois une photo prise sur une route de campagne, où les trois fillettes et la maman sont accroupies derrière une voiture, entre les portières et le talus. C'est une drôle de position et je demande des explications à Corinne. Elle m'explique que son beau-père aime les surprendre en photo lors d'une pause-pipi. Sur le cliché, nous la voyons d'ailleurs se relever en remontant sa robe avec un sourire gêné. Je lui dis :

– Je ne trouve pas cela drôle du tout d'être photographiée en train de faire pipi ! Et toi ?

– Non, mais lui, ça l'amuse.

– Et toi, ça t'amuse ?

– Non, ça me gêne, je n'aime pas ça.

– Mais tu n'oses pas le lui dire ?

– Non, je ne peux pas lui dire !

– Et ta mère, tu crois que cela l'amuse ?

– Je ne sais pas. Elle rit, mais ça doit être pour lui faire plaisir !

– Alors, personne n'ose lui dire que ce n'est pas drôle ?

– Non, personne.

– Eh bien, moi, je vais te dire ce que j'en pense,

Corinne, ce n'est pas drôle du tout ! C'est même très gênant. Es-tu d'accord pour que j'en parle à ta maman ?

– De toute façon, maman ne pourra rien faire.

– Oui, mais si déjà toi, tu sais que tu as raison d'en être gênée, si ta maman sait que tu as raison d'en être gênée, le comportement de ton beau-père sera différent, tu verras.

Je me suis ensuite assurée que cet homme ne se permettait pas d'autres privautés avec Corinne, comme par exemple entrer dans la salle de bains pendant sa toilette, et ne se livrait pas à des attouchements. Mes questions ont permis à Corinne de bien marquer les frontières de sa vie privée, et de la confirmer dans son sentiment d'atteinte à la pudeur. Lors d'une autre consultation, j'ai expliqué à sa mère, devant Corinne, ce que nous avions vu dans l'album photos en évoquant les souvenirs chaleureux mais en pointant aussi ce genre de situation. La maman a compris ce que je voulais dire. Elle avait besoin d'être confortée dans une certaine gêne qu'elle ressentait mais ne parvenait pas non plus à exprimer. Elle craignait de passer pour une rabat-joie. Je lui ai expliqué que cela n'avait rien à voir avec l'humour ; c'était une simple question de respect de l'enfant, et d'elle-même d'ailleurs.

Je l'ai revue trois semaines plus tard, sans Corinne, retenue par une compétition de basket. Elle m'a appris que l'énurésie s'était arrêtée aussitôt après notre entretien. Elle était à la fois contente mais stupéfaite que l'enfant ait été à ce point traumatisée par cet incident en apparence bénin. Je lui ai expliqué que le traumatisme venait non seulement de la situation, mais de l'état d'esprit que sous-entendait cette démarche, et que la jeune fille devait ressentir en permanence, puisqu'elle vivait avec son beau-père. Le fait que Corinne se soit sentie confirmée dans ses propres valeurs lui a permis de retrouver la sérénité et de ne plus mouiller son lit. J'ai laissé entendre à la mère que j'aimerais rencontrer le beau-père, mais elle m'a fait comprendre que celui-ci refuserait. Visiblement, cette femme avait trouvé un équilibre avec son nouveau mari. Elle l'admirait pour ses qualités intellectuelles, tout en étant troublée par le fait que son enfant ne comprenne pas son humour, assez pervers, il faut le dire. Elle le réalisait confusément avant de me voir, plus précisément à présent, et cela lui permettrait certainement de mieux protéger sa fille, mais ne résoudrait pas complètement le problème. Je lui ai demandé si Corinne souhaitait me revoir et elle m'a répondu qu'elle le réclamait. J'ai insisté sur la nécessité d'entretiens réguliers car l'univers de la jeune fille était assez difficile à gérer, même si sa maman avait l'esprit ouvert.

Cette histoire montre bien comment une facétie déplacée peut gravement blesser « l'enfant de l'Autre ».

En vérité, on règle souvent les comptes

Chacun peut avoir des comptes à régler avec son passé, ses parents, son ex, ses rêves inaccomplis. Si vous n'y prenez garde, l'enfant de l'Autre deviendra facilement le bouc émissaire de toutes ces souffrances, surtout s'il y a possibilité de comparaison entre lui et votre propre enfant.

François et Philippe sont deux quasi-frères dont les parents avaient rêvé qu'ils seraient les meilleurs copains du monde. En effet, lorsque vous vous mettez en ménage avec un homme dont le fils a presque le même âge que le vôtre, vous pouvez espérer qu'ils passeront un week-end sur deux comme deux copains et que l'ennui ne pointera pas facilement. Malheureusement, ces deux petits garçons aux parents tout à fait adorables sont aux antipodes l'un de l'autre.

François est un garçon intellectuellement précoce, premier de sa classe, au vocabulaire riche. Il capte toutes les informations avec la rapidité de l'éclair, bat Philippe à plates coutures aux échecs et à tous les autres jeux de société, et le domine intellectuellement.

Philippe, de son côté, est un élève très moyen. C'est un gentil garçon ; son père est un grand sportif, aussi le petit manie-t-il la raquette depuis ses premières années. Il joue au golf, est un excellent skieur.

Les parents ont très judicieusement évité de les comparer dans les mêmes domaines. Cependant, au fil des années, la situation s'est compliquée. François se sert de son intelligence pour dominer Philippe et, lorsque malgré son bon sourire, Philippe n'en peut plus, c'est à coups de poing que se règlent les comptes. Les parents défendant chacun leur petit, les week-ends sont devenus de plus en plus difficiles. Un jour, le père de Philippe est donc venu me voir avec son fils pour me demander de recevoir sa compagne : selon lui, elle surprotégeait et surstimulait son enfant, ce qui était très mauvais pour lui. Il m'a expliqué qu'il ne voulait plus que les deux garçons passent les week-ends ensemble et qu'il souhaitait que des relations moins fusionnelles s'établissent entre François et sa mère. Il trouvait qu'elle passait trop de temps à raconter des histoires à son fils le soir, et qu'elle attachait beaucoup trop d'importance aux devoirs d'école.

Je connaissais la mère et son enfant depuis longtemps. Celui-ci éprouvait un vrai bonheur à parler de son travail ou à écouter sa mère raconter des histoires.

Elle l'avait toujours emmené dans des musées, les bibliothèques, etc. Elle l'avait élevé dans un climat intellectuel qui ravissait le petit et expliquait en partie son agilité intellectuelle. Il eût été illogique de critiquer ce qui faisait leur bonheur. Et pourtant, quelqu'un devait bien prendre la place de l'homme. Au fond, le nouveau compagnon semblait jaloux de son beau-fils parce que son propre enfant était moins vif intellectuellement. Les succès sportifs ne permettaient pas à Philippe d'être considéré comme l'égal de François dans la vie quotidienne, et c'est dans la souffrance des comparaisons que s'inscrivaient les critiques du beau-père. Ce n'était pas « pour le bien » de son beau-fils.

Au lieu de promettre que je dispenserais mes conseils à la mère, j'ai demandé au père de revenir seul. J'ai appris alors que cet homme avait lui-même souffert pendant toute son enfance de ne pas avoir fait d'études brillantes et qu'il espérait en quelque sorte prendre sa revanche avec son fils. Aussi, devant le succès éclatant de l'enfant de sa compagne, avait-il pris des résolutions et engagé un répétiteur. « Malheureusement, m'a-t-il confié, je dois insister car la mère de Philippe estime qu'il faut le laisser vivre et que la scolarité n'est pas si importante. Mais j'ai tant souffert moi-même d'avoir des mauvaises notes ! Je veux absolument que mon fils rattrape le niveau de François. Je ne veux plus supporter des comparaisons désavantageuses. »

Ainsi s'était instaurée une compétition nocive entre les deux enfants, François, intellectuellement brillant, faisait de l'ombre à Philippe dès qu'il ouvrait la bouche, et le beau-père en devenait blessant ; Philippe, qui était auparavant un petit garçon bien dans sa peau, toujours rieur, sportif, suivant une scolarité normale, apparaissait soudain comme peu doué et subissait une pression scolaire mal adaptée aux conditions de vie maternelle.

Ces rivalités entre parents sont très fréquentes. Nous allons voir comment les résoudre. Mais ce sont souvent aussi les grands-parents qui règlent les comptes sous couvert d'attentions à l'enfant.

« Évidemment, il a pris froid, docteur, il était avec son père ce week-end ! »

La phrase tombe comme un couperet tandis que la grand-mère installe le petit Alain sur le lit d'examen. J'ausculte l'enfant ; il garde la tête baissée. Un petit bonhomme de trois ans un peu abattu. Pourtant il n'a pas de fièvre.

Je lance :

– Oui, mais qu'est-ce qu'il a dû bien s'amuser ce week-end avec papa !

Immédiatement le petit redresse la tête, me regarde avec un bon sourire, les yeux pétillants. Visiblement, oui, il s'est bien amusé.

– Vous pensez, docteur ! Son père l'a emmené jouer au foot au bois de Boulogne, sous la pluie ! Vous imaginez, avec ce froid.

Je réponds, en me faisant bien entendre de l'enfant :

– Les papas c'est comme ça ! Heureusement qu'ils nous font faire des bêtises, c'est très rigolo.

Le petit est ravi. C'est vrai qu'elle a de quoi avoir le cœur gros sa mamie ! Le papa a quitté brutalement sa jeune femme et ses deux enfants pour partir avec la fille au pair ! Ce n'est pas drôle, nous en avions déjà parlé longuement. J'avais expliqué à la mère et à la grand-mère qu'il ne fallait pas critiquer le père devant les enfants. Elles avaient bien sûr juré promis qu'elles ne le faisaient jamais, mais il y a bien des façons indirectes de dénigrer l'autre parent lorsque les contentieux sont trop lourds. On règle les comptes à tout propos sur le dos des enfants, et les occasions ne manquent pas. Bien sûr, c'est toujours « pour leur bien ». Ce petit garçon n'aurait pas dû jouer au foot sous la pluie ; c'était donc pour son bien que mamie critiquait papa. En vérité, un tel commentaire négatif libère l'énergie agressive et, au passage, écorche l'image du père. Il sous-entend aux oreilles du petit que le père est un incapable puisqu'il ne sait pas que l'on ne joue pas au foot sous la pluie. À cause de son irresponsabilité, le petit attrape une bronchite et doit prendre des antibiotiques. L'enfant perçoit donc, à travers les propos de sa grand-mère, l'image d'un père incompétent et immature ; le pauvre petit est complètement partagé entre l'amour qu'il a pour son père, le bon week-end que ce dernier lui a offert, et les reproches tangibles que l'on fait au retour.

Nombre d'enfants n'osent pas parler à leur mère du week-end qu'ils ont passé avec papa (ou vice-versa). Ils rentrent muets, font semblant de s'être ennuyés, car ils savent que leur mère sera blessée s'ils disent le contraire. Le linge, le travail scolaire offrent aussi mille occasions de critiquer l'Autre : les enfants de couples séparés ont tendance à moins bien travailler lorsqu'ils sont en week-end ou en vacances avec une belle-mère ; nous en reparlerons. Et les réflexions fusent : « Évidemment, tu n'as pas appris ta récitation ! » À chaque changement de maison, les enfants sont irritables, nerveux. Ils portent en eux des messages tellement contradictoires qu'ils n'arrivent pas à mettre de l'ordre dans leurs émotions. Il y a mille façons, plus sournoises les unes que les autres, de régler ses comptes à travers l'enfant. Et le pédiatre est souvent appelé à la rescousse. Bien sûr, je refuse de me laisser manipuler, mais en même temps, je recherche la racine des souffrances pour la désamorcer.

Quand le téléphone a sonné ce samedi-là dans mon cabinet, nous étions, mes associées et moi, très occupées. C'était un samedi d'hiver et beaucoup d'enfants étaient malades. Ma secrétaire m'a transféré l'appel de la maman de Caroline, qui insistait pour que j'établisse un certificat interdisant toute sortie à sa petite fille. Elle avait de la fièvre, une infection urinaire sans doute, et ne pouvait donc pas aller en week-end chez son père. Je connaissais cette maman : elle renâclait à confier l'enfant à son père, qui l'emmènerait chez sa grand-mère paternelle. Or la maman estimait que c'était à cause de sa belle-mère que son couple n'avait pas marché. Elle voulait donc régler ses comptes avec l'aïeule en l'empêchant de voir l'enfant le week-end. Ce n'était pas la première fois qu'elle essayait de se servir de moi de la sorte. Je lui ai expliqué au téléphone qu'une infection urinaire nécessitait des analyses, un traitement, mais rien n'empêchait la petite, munie de ses antibiotiques, de partir avec son père. Quelle n'a pas été sa colère ! Nos rapports étaient toujours passionnels, elle ne voulait pas comprendre qu'il ne faut pas mélanger les maladies et les règlements de comptes.

Nombreux ainsi sont les parents qui demandent des certificats dans l'espoir de ne pas présenter l'enfant le week-end. Nous nous devons bien sûr de refuser d'être complices de ces comportements, mais en même temps j'essaie toujours de rencontrer la mère ou le père qui me demande ce genre de pratique. Un travail psychologique évitera le besoin de ces certificats.

Rivalités et jalousies parentales

Le moindre prétexte est bon pour accuser l'autre parent lorsque les relations sont conflictuelles. Ainsi, les plaintes de mères contre leur ex pour agression sexuelle et rapports incestueux sont aujourd'hui si fréquentes que l'on a bien du mal à départager le devoir que nous avons, nous pédiatres, de protéger l'enfant et la nécessité de ne pas se faire instrumentaliser dans le conflit parental.

Mme T. a débarqué dans mon cabinet dans un état d'excitation inquiétant. Elle avait un accent roumain qui compliquait la compréhension de ses explications, mais ma secrétaire a compris qu'il fallait voir d'urgence la petite Élisabeth, cinq ans, car sa maman était au bord des larmes. C'est une femme courageuse que je connais depuis deux ans et qui a réussi à créer une petite boutique de bijoux. Elle arrivait toujours avec des talons aiguilles, des tailleurs scintillants, très maquillée, mais attendrissante de bonne volonté courageuse. Elle élevait seule sa fille car elle s'était séparée de son père lorsque la petite avait trois ans. Depuis, elle se servait du moindre prétexte pour éviter d'envoyer Élisabeth chez lui, et les visites tournaient toujours au drame. La situation entre ces deux parents était bien difficile à gérer. Je l'ai donc vue débarquer en trombe dans mon cabinet, tirant la petite fille par la main :

« Docteur, il faut absolument examiner Élisabeth de toute urgence, elle revient de chez son père et je crains... enfin, vous voyez ce que je veux dire. » Elle accusait régulièrement son ex-mari d'être un pervers sexuel et avait toujours peur, sans que nous ayons jamais pu en être certains, qu'il ne se livrât à des attouchements sexuels sur la petite. La maman se plaignait du fait que la nouvelle compagne participait ou laissait faire. Elle n'avait aucune confiance dans cette nouvelle femme qu'elle trouvait extrêmement vulgaire. J'ai examiné la fillette devant sa mère et n'ai constaté aucun signe de violence sexuelle. J'ai alors demandé à la maman de quitter la pièce et de me laisser seule avec la petite. Je l'ai laissée dessiner tout en discutant. Elle m'impressionnait par son calme, qui contrastait tellement avec l'excitation maternelle. Mais elle a dessiné un bonhomme morcelé dont les deux jambes n'étaient pas jointes au corps, contrairement aux bras. Lorsque je lui ai demandé pourquoi, elle m'a dit : « C'est parce qu'on lui a écarté les jambes. » Puis, elle m'a effectivement raconté les attouchements auxquels s'était livrée sa belle-mère d'abord avec un gant de toilette puis à main nue. « Elle me disait que c'était pour que je sois propre, mais pourquoi fallait-il que je sois propre seulement à cet endroit-là ? Et puis, elle m'a fait mal. »

Nous avons donc entamé une procédure, en raison des déclarations à l'évidence véridiques de la petite fille. Mais il faut bien dire que le comportement très volubile de la maman était problématique, car elle mélangeait les règlements de comptes financiers du couple avec les accusations concernant la petite. Cette confusion de genres risquait de rendre moins crédible son discours. J'ai donc demandé une expertise psychologique de l'enfant auprès du tribunal. Mais je fus surprise : l'expertise n'allait pas dans le sens de la mère. Son comportement passionnel avait été préjudiciable à son enfant et gêné la vérité. Le soutien psychologique ultérieur de cette petite lui a offert une bouée de stabilité et de vérité. Je l'ai suivie régulièrement, je la rassurais sur ce qui était bien et pas bien, car elle était bien obligée de continuer à voir son père. Le fait d'avoir demandé une expertise m'a cependant semblé avoir quelque peu calmé les comportements de l'autre côté ; au moins, me disais-je, il y a un garde-fou et une sensation de surveillance. Mais j'étais toujours gênée par les côtés batailleurs de la mère qui mélangeait l'irrationnel et le rationnel. Je regrette que les tribunaux, lorsqu'ils ont des affaires de ce genre, n'imposent pas plus souvent des suivis psychologiques aux parents accusés eux-mêmes, car lorsqu'il y a un doute, seule une thérapie à long terme peut protéger l'enfant. Dans ce cas, la mère avait été déboutée sans autre façon. Au bout de six mois, je n'ai plus revu l'enfant, ce qui me préoccupa car la seule façon de la protéger était les entretiens réguliers que nous avions ensemble.

Heureusement, nous ne vivons pas toujours des situations aussi dramatiques. La plupart des parents recherchent l'équilibre.

J'ai revu Maud quelques semaines avant son mariage. Elle accompagnait sa nouvelle belle-fille, Émilie, qui avait beaucoup de mal à dormir. Lorsque Émilie dormait chez son père et Maud, elle les réveillait plusieurs fois pendant la nuit car elle ne trouvait pas le sommeil. La jeune femme m'a dit qu'Émilie faisait de même chez sa mère. Comme cette dernière vivait seule, elle n'en était pas vraiment dérangée et acceptait même la fillette de sept ans dans son lit. Maud ne savait pas quoi faire pour résoudre le problème. Je lui ai d'abord expliqué que je souhaitais voir la maman d'Émilie. La petite a alors souri, visiblement contente à l'idée de revenir avec sa mère. Puis j'ai demandé à Maud des nouvelles des préparatifs de son mariage. Elle m'a décrit les préparatifs et la robe de mariée avec Émilie, qui participait visiblement au projet. Pour son mariage, elle allait être plus belle que jamais, encouragée par le regard admiratif de son nouveau compagnon. Puis, j'ai prié Maud de me laisser seule avec Émilie et tandis que celle-ci me dessinait une très belle princesse, j'ai essayé de savoir comment les choses se passaient avec Garance, la fille aînée de Maud, sa quasi-sœur bientôt. Le visage d'Émilie se plissa ; de toute évidence, ce n'était pas simple. J'avais compris depuis un moment qu'il y avait une grande rivalité entre les deux fillettes. Maintenant, Émilie se sentait diminuée quand elle venait chez son père, écrasée par l'aura de Maud et par Garance qui était « la fille de la future mariée », une très jolie petite fille avec des yeux bleus magnifiques. Pour Émilie, le problème était de retrouver son identité. Avant que son père ne tombe amoureux de Maud, elle était une petite fille riche, dont la famille était très connue, le grand-père maternel d'Émilie étant un industriel richissime. À présent, Émilie était devenue belle-fille inconnue d'une grande star. J'ai donc reparlé de sa famille maternelle et je lui ai demandé si elle savait vraiment qui était son grand-père. Je savais que les rapports étaient distendus car il y avait eu un conflit entre la fille et le père. Je lui ai dit combien son grand-père, qui était un grand designer, faisait rêver toutes les dames comme moi, et que c'était un créateur très admiré. J'aurais bien aimé le connaître, qu'elle l'amène à une consultation, car je serais honorée de lui être présentée. La petite fille a alors tourné vers moi un visage plein de bonheur. Je pense qu'elle avait besoin de se trouver une identité sociale égale à celle de Garance, sa quasi-sœur fille de star. Dès lors, j'ai suivi très régulièrement Émilie et j'ai même eu la surprise de voir que, lorsque les rivalités étaient ainsi estompées, la mère elle-même se sentait mieux. Quelques mois après, j'ai eu la bonne surprise de voir la maman d'Émilie elle-même tomber amoureuse d'un homme de qualité. Et je pense que le fait d'avoir restauré l'image du grand-père et d'avoir retracé l'histoire de cette famille comme une saga méritant l'admiration avait également libéré la mère au plan affectif et lui avait permis d'entreprendre une relation normale. Voilà comment les rivalités douloureuses entre les adultes retentissent gravement sur l'enfant de l'Autre et comment il ne suffit pas, pour les atténuer, de bonnes paroles ; il faut rechercher, dans la réalité, où sont les qualités et les forces des uns et des autres.

L'autre parent absent, l'autre parent rejeté

Lorsque l'autre parent a connu une défaillance grave, socialement sanctionnée, il se peut que vous obteniez de facto l'hébergement à temps plein de l'enfant. La famille semble « plus normale », la situation plus simple, l'enfant n'est pas écartelé entre deux foyers. Aux yeux des adultes. Mais il a toujours besoin de son autre parent.

La balance accusait encore 1 livre de perdue. J'étais catastrophée. Flora avait l'air de sortir d'Auschwitz ! Malgré ses 13 ans elle n'avait pas un milligramme de poitrine, ses os iliaques pointaient sous la peau et ses genoux paraissaient noueux tant les cuisses étaient maigres, le visage osseux. Ce n'était pas la jolie petite fille qui venait me voir auparavant. Flora était en pleine anorexie mentale : elle le savait, mais ne pouvait pas faire sauter ce « verrou » qu'elle avait dans la tête, comme elle me disait au moment de franchir le seuil. Se regardant dans le miroir de mon cabinet, en ce printemps, elle voyait bien sa maigreur.

– Je sais, j'ai encore maigri, je sais que je suis maigre, je le sais parce que j'ai voulu m'acheter des vêtements pour l'été et je ne peux pas me montrer sans manches. C'est horrible, j'en ai bien conscience. Mais dès que je mange, je me sens extrêmement coupable, je suis très ballonnée. D'ailleurs, voyez-vous, là, j'ai mangé parce que je savais que vous alliez me faire monter sur votre balance, et je voulais peser un peu plus. Eh bien, je me sens très mal.

Effectivement, son estomac était tendu comme une outre.

– Si tu descends en dessous de 38 kilos, il va falloir t'hospitaliser. Nous n'en sommes plus très loin.

– Ah non ! Ça, je ne veux pas être hospitalisée, absolument pas. Je suis en pleine forme, vous savez, je travaille, j'ai de l'énergie.

– Oui, ça je m'en doute, mais ton cerveau ne va pas pouvoir longtemps trouver ses combustibles. La pensée demande d'être alimentée. Nous ne pourrons pas continuer comme ça.

– Je me force pourtant, je me force, mais après je suis obligée de me faire vomir parce que je ne supporte pas l'idée de mon estomac plein.

Pendant qu'elle se rhabillait, j'ai fait entrer la maman. C'était une femme d'environ 45 ans, visiblement fatiguée, simplement vêtue, sans maquillage, les cheveux gris ; elle avait renoncé à toute séduction. Son nouveau compagnon était un homme d'affaires très occupé, grand voyageur, souvent absent. Mme R. ne s'en plaignait pas, elle redoutait cet homme et préférait les soirées seule avec sa fille. Elle travaillait durement et se plaignait fréquemment de sa vie difficile. La petite l'admirait et l'aimait profondément, mais ne pouvait s'empêcher d'être insolente, autoritaire et tyrannique avec elle. L'enfant s'était emparée du pouvoir. La pauvre mère se souciait de chaque prise d'aliment, n'osant plus faire aucun commentaire car elle craignait de nuire à sa fille en surveillant ce qu'elle mangeait, mais bien sûr, elle se rendait compte de l'amaigrissement progressif de l'adolescente. Le père, on n'en parlait jamais. Pourtant, je l'avais rencontré autrefois. Le drame était survenu le jour où la mère avait découvert qu'il avait une liaison homosexuelle. Une conversation sincère avec cet homme avait permis de comprendre qu'il ne l'avait épousée que pour devenir père, car il se savait déjà homosexuel et avait donc une double vie. Elle a vécu la situation de façon extrêmement douloureuse car elle l'aimait. Flora avait trois ans lorsqu'ils se sont séparés, et on ne lui a pas dit la vérité sur la vie sexuelle de son père. Elle croyait avoir des parents divorcés « comme tout le monde ». C'est à l'âge de 7 ans que la petite avait compris par la conversation d'amies de sa mère que son père était homosexuel. Ce fut une révélation extrêmement difficile pour elle. D'un commun accord, ses parents ont décidé que la petite ne verrait plus son père qui estimait avoir besoin lui-même de liberté. J'ai néanmoins conseillé de garder le lien avec cet homme, qui m'avait paru au demeurant très raisonnable et sympathique. Mais cela en est resté à quelques lettres et appels téléphoniques, et le père n'a pas réclamé le droit de visite de sa fille. Flora et sa mère ont continué de vivre ensemble.

Devant son amaigrissement catastrophique, j'ai demandé à Flora :

– Est-ce que ton père est au courant de ton état de santé ?

– Non, de toute façon, il s'en fiche !

Je me suis tournée vers la mère :

– Vraiment, il n'est pas au courant ?

– Non, je ne lui ai rien dit. Vous savez bien, docteur,

que je me débats toute seule avec cette situation depuis plusieurs années.

– Eh bien il faudrait que le père sache. Et je pense que c'est à vous, madame, de le faire. J'ai la conviction qu'il aime sa fille. Ensuite, je pourrais vous voir tous les trois.

La maman m'a fait comprendre qu'elle n'en avait pas vraiment envie. La mise à l'écart du père l'arrangeait ; elle élevait seule sa fille, elle était tranquille. Elle ne supportait pas le souvenir de la séparation et ne souhaitait pas que fille et père se revoient. Je lui ai expliqué que dans cette situation, c'était un devoir de le mettre au courant.

Pourquoi insistais-je autant ? Dans mon souvenir, cet homme et cette femme m'avaient donné une impression de tendre complicité. Or j'ai remarqué que les jeunes filles qui souffrent d'anorexie mentale ont un problème par rapport à leur féminité. Elles ont peur de passer du stade de fillette à femme et maltraitent leur corps pour garder une image de petite fille. D'ailleurs, le premier événement de l'anorexie mentale n'est pas la perte de poids, mais l'arrêt des règles. Puis la perte de poids entraînera ce corps androgyne typique des anorexies mentales : plus de seins, plus de fesses, plus de hanches, un corps de jeune garçon. Ainsi peut-on se protéger de l'adolescence et de l'idée de devenir femme. Si beaucoup de théories ont essayé d'expliquer la cause de l'anorexie mentale, aucune n'a vraiment révélé le trouble que je retrouve de façon constante : la souffrance maternelle. La mère d'une anorexique a souvent un profil très particulier, c'est une femme qui souffre, qui a connu une vie très pénible, en général délaissée et maltraitée psychologiquement par le père de l'enfant. C'est donc la plupart du temps une femme trompée, humiliée, surmenée qui ne peut pas donner un modèle adulte positif à sa fille. L'enfant se réfugie alors dans le statut de fillette androgyne. Le traitement de l'anorexie mentale passe donc par la restauration de l'image maternelle. Certes, il n'est pas du ressort d'un médecin de rendre un parent heureux, mais il faut toujours chercher des parts de bonheur. J'avais le souvenir de ce père qui, éloigné parce qu'homosexuel, avait cependant une grande complicité avec la mère. L'ayant écarté, d'ailleurs, celle-ci était restée psychologiquement seule, comme veuve de son amour déçu. En réimpliquant le père, j'espérais débloquer la fille. J'ai donc été très heureuse lorsque je les ai revus tous les trois, dans un échange dénué de toute agressivité. Je n'ai pas été étonnée de constater que la petite avait déjà cessé de maigrir. Elle s'était installée sur les genoux de son père pendant l'entretien. Les rapports parentaux peuvent conserver affection et complicité dans bien des domaines. Lorsque vous y parvenez, l'enfant y retrouve son équilibre. Ce sera le cas pour Flora. Par contre, lorsqu'on croit s'être « débarrassé » d'un parent, la situation n'est pas gérable et la souffrance de l'enfant ressurgira à un moment ou à un autre.

Manger ou ne pas manger, c'est souvent le seul moyen qu'a l'enfant pour manifester sa détresse. Et cela dès les premiers jours...

Marina était un tout petit bébé atteinte de cette maladie si fréquente aujourd'hui : le reflux gastroœsophagien. Elle avait déjà vu tous les pédiatres parisiens et subi tous les examens que l'on fait en cette circonstance : pHmétrie, fibroscopie ; elle avait pris les médicaments les plus nouveaux, les plus amers, 10 minutes avant les repas, puis après les repas ; elle avait connu une dizaine de changements de lait, plus ou moins épais, sans lactose, au soja, et allait finir à l'hôpital tant sa prise de poids était faible. La première fois que j'ai vu le bébé, sa mère m'avait dit d'un ton péremptoire :

– Docteur, je vous présente ma petite fille, elle n'a pas de père.

Je lui avais expliqué que ça n'existait pas, une petite fille qui n'avait pas de père.

– Ne commencez pas avec votre baratin de pédiatre, m'avait-elle répondu de manière agressive. Si je n'ai pas envie de parler du type qui l'a conçue, ce n'est pas vous qui allez m'y contraindre.

Devant tant d'hostilité, je lui ai proposé de ne pas poursuivre notre chemin ensemble. Elle s'était alors radoucie, et m'avait expliqué qu'elle ne souhaitait pas que cet homme se mêle de sa vie pour des raisons que je ne pouvais pas comprendre. J'ai quand même appris que le père avait reconnu l'enfant à la naissance, ce qui me paraissait très important. Et je me disais que les vomissements de la petite étaient peut-être une protestation contre l'hostilité ambiante vis-à-vis de son père. J'ai profité de la nouvelle perte de poids pour l'envoyer à l'hôpital, où je me suis efforcée d'organiser le suivi psychologique. Malheureusement, la mère a pensé qu'on exigerait la visite du père. Elle a « signé la pancarte » et refusé de continuer à faire suivre sa petite fille dans ce service. Elle évoquait mille prétextes pour critiquer l'équipe soignante. Elle ne voulait pas que le père intervienne dans l'histoire. L'hôpital avait néanmoins pris contact avec lui. Quelques semaines plus tard, je lui ai parlé au téléphone et lui ai donné des nouvelles de sa fille. Je lui ai demandé s'il ne pouvait pas mieux assumer son rôle paternel. J'ai informé la mère de cet entretien. Malgré un amaigrissement de plus en plus spectaculaire du bébé, elle s'est enfuie avec son enfant à la campagne. Le père a engagé une action en justice urgente, étayée par l'hôpital, et a demandé la garde de son enfant, avec droit de visite à la mère. Après une période de convalescence sans vomissements, le père s'est remarié. Au début, j'ai été ravie de voir qu'il ne serait pas seul pour élever cette enfant. Mais aussitôt arrivée la belle-mère, les vomissements reprirent et la courbe de poids se cassa à nouveau. Je compris alors que le modus vivendi qu'avait établi le père avec la mère biologique (celle-ci voyait sa fille tous les 15 jours et la prenait de temps en temps en vacances à la campagne avec la grand-mère) avait été déstabilisé par la nouvelle compagne. Celle-ci avait reçu une image fort négative de cette mère. Dans notre pays, la garde de l'enfant est le plus souvent confiée à la mère. Ne pas en avoir la garde est souvent considéré par l'entourage comme une marque d'infamie. Le statut de « mauvaise mère » colle à la peau. La nouvelle compagne a donc eu, véhiculée par toute la famille, l'idée que la petite avait une mauvaise mère : l'enfant avait vomi les premiers mois avec elle, et maigri ; elle avait grossi depuis qu'elle était avec le père... Mais la nouvelle belle-mère exacerbait la situation : elle n'avait cessé de s'opposer à chaque week-end où la petite devait aller chez sa mère. Lorsqu'elle revenait, les réflexions fusaient, négatives, « elle n'a pas été changée ! Elle a les fesses abîmées ! Oh là là, je me demande ce que tu as mangé ce week-end ! Tiens, ta petite brassière sent le vomi ! ». Les réflexions fusaient, qui m'étaient rapportées par la nounou. Percevant cette hostilité, la petite s'était aussitôt remise à maigrir. Dans le même temps, la mère s'affolait de moins avoir l'enfant. J'ai reçu la belle-mère en tête à tête et lui ai expliqué que la situation pouvait être transitoire. La mère n'était pas mauvaise, elle était en souffrance. Elle travaillait avec la psychologue. Et, dans les répartitions des gardes, tout est toujours temporaire. L'enfant au bout du compte choisirait son propre chemin, entre ses deux parents et, si possible, en n'utilisant jamais l'un contre l'autre. Une fois que j'ai permis à la nouvelle belle-mère de prendre du recul dans cette lutte parentale, la petite a repris le rythme des visites chez sa mère. Mais il a fallu rassurer aussi la mère de l'enfant, qui avait très mal supporté cette nouvelle remise en question.

Ainsi, rejeter l'un des parents et penser qu'il doit disparaître, l'accabler de fautes, fussent-elles mineures ou majeures, alimentaires ou éducatives, c'est toujours rendre l'enfant extrêmement malheureux, dans son esprit et souvent dans son corps.

VI

Vivre ensemble au quotidien

Dans la vie de tous les jours, chacun de vos gestes adresse des messages à l'enfant de l'Autre. Du lever au coucher, vos attitudes, vos paroles sont perçues par tous les canaux, d'une façon plus émotionnelle que rationnelle, plus immédiate que réfléchie, voire subconsciente. Mais ces messages subliminaux laissent des marques bien plus profondes que tout discours affirmant votre affection.

Belle-mère (ou beau-père), vous êtes un personnage nouveau mais extrêmement puissant puisque l'enfant doit s'habituer à de nouvelles règles de vie : les vôtres, qui peuvent être très différentes de celles qui ont réglé son quotidien jusque-là et lui paraître incongrues. À l'inverse, si vous essayez de ne rien lui imposer, vous risquez de vivre sous tension, et d'en souffrir. Même si vous ne montrez pas vos désaccords avec sa façon de se comporter, il ressentira votre désapprobation. Car ce qui compte, c'est ce qu'il y a dans votre cœur.

Je vous ai engagé, dans les précédents chapitres, à comprendre combien votre passé, vos idées sur l'éducation, vos sentiments à l'égard de son autre parent, votre sensibilité, vos comparaisons avec vos propres enfants peuvent influencer votre comportement de façon inconsciente. Je vous ai encouragé à faire le point en vous-même de façon que tous ces sentiments ne pèsent pas sur votre attitude. Vous aurez mille occasions de vous sentir irrité et d'entrer en confrontation avec votre nouveau partenaire, car nous avons vu le poids symbolique de son enfant.

Ce dernier aura également un comportement actif sur votre quotidien : il utilisera chaque situation pour vous tester ou pour régler ses propres comptes avec les adultes.

Étudier votre vie commune vous permettra d'analyser avec recul la palette de situations se présentant au fil des jours, autant d'occasions qui risquent de faire souffrir l'enfant de l'Autre. Nous allons donc faire défiler une journée typique, du lever au coucher, les week-ends, les vacances... Nous verrons ensuite le retentissement du système de garde sur votre vie « belle-parentale. »

L'enfant de l'Autre a entre 3 et 12 ans

C'est la situation la plus commune :

– Vous vivez avec votre nouveau compagnon, et son enfant vient chez vous le samedi et le dimanche, parfois le mardi soir et le mercredi ; vous avez peut-être des enfants vous-même.

– Ou bien vous êtes le beau-père qui vivez avec l'enfant de votre compagne, plus souvent alors toute la semaine car à cet âge elle en a la garde. Il part chez son père le week-end et pendant la moitié des vacances. Vous recevez peut-être les vôtres d'après le même schéma. Selon le cas de figure, nous allons étudier ensemble les mesures qui permettront à cet enfant de s'épanouir avec vous.

Le réveil de l'enfant de l'Autre le plonge dans une situation très particulière

Imaginez lorsque l'enfant s'éveille chez l'Autre, par exemple sa mère biologique. Il se trouve immédiatement parmi des odeurs familières, en vrai petit primate à l'odorat développé dès sa naissance ; il vient se blottir contre la chemise de nuit qu'il connaissait déjà, bébé. Vous, la belle-mère, n'offrez pas ce contact, et ressentez une distance physique bien naturelle. Vous ne pouvez donc pas, de la même façon que sa mère de naissance, sentir avec un bonheur charnel l'enfant se glisser dans votre lit ; et pour le prendre dans vos bras, vous n'aurez pas la même spontanéité passionnelle. Ne vous étonnez donc pas s'il est un peu long à sortir du lit, un peu grognon.

Sa maman sait aussi, depuis qu'il est bébé, s'il a besoin d'un « sas » avant d'émerger. Elle accepte peut-être, contre tout principe éducatif classique, qu'il passe dix minutes devant son dessin animé télévisé préféré avant de prendre son petit déjeuner. Vous, à l'inverse, comprenez souvent mal qu'il veuille regarder la télévision, surtout si vos enfants ne le font pas. Soyez souple : sachez que chacun a son horloge biologique, celle qui fait que certaines personnes se réveillent tout de suite avec les neurones actifs, et que d'autres ont besoin d'un temps de mise en route.

Votre petit déjeuner avec lui

Il vous faudra un temps d'apprentissage : sa mère sait combien de chocolat il aime dans son lait sans lui poser la moindre question. Vous en mettrez trop pour le séduire, ou pas assez parce que vous craignez de le faire grossir (voir « c'est pour ton bien »). Si, à 4 ans, le petit garçon a encore besoin d'un gros biberon de lait chocolaté, alors que le vôtre boit depuis longtemps au bol, vous trouverez volontiers que sa mère ne l'aide pas à grandir.

Ainsi, tous les éléments sont réunis pour un profond malentendu. L'enfant voit qu'il a du mal à se faire comprendre de vous : sa réaction paradoxale est alors de provoquer les ordres répétés. Il faut dire qu'il n'est pas enthousiaste à l'idée de se lever et de se retrouver aussitôt en faute, comme nous l'avons vu précédemment. Donc, vous devrez insister pour le voir debout, et commencerez déjà à être irritée. Ce que vous aviez déjà du mal à admettre chez votre propre enfant devient exaspérant dès qu'il s'agit de l'enfant de l'Autre. Vous ne pouvez vous empêcher de vous dire : « Vraiment sa mère lui donne de bien mauvaises habitudes ! » Ce que vous ne savez pas, c'est qu'il fait probablement moins d'histoires lorsqu'il est chez elle. Mais chez vous (car disons-le, il est plus « chez vous » que chez son père, puisque vous êtes femme et donc maîtresse de maison), il ne se comporte pas de la même façon – je dirais même qu'il exagère ses défauts. Il sent votre énervement augmenter et exerce son pouvoir sur sa « marâtre ». Il s'installe donc devant son dessin animé et n'en décolle plus, provoquant ainsi, il y a fort à parier, le premier conflit de la journée entre son père et vous ; car, voyant que le temps défile et que rien se passe, vous chercherez forcément du secours chez votre compagnon qui sera, lui, déchiré entre l'idée d'apparaître hostile à son fils ou hostile à sa compagne. Et même si le papa vous donne raison (« Oui, l'enfant devrait se lever plus vite ; oui, l'enfant ne devrait pas regarder son dessin animé plus de dix minutes ; oui, il devrait boire son bol de lait... ») il aura bien du mal à exercer une quelconque autorité sur ce petit bout de chou qu'il n'a que le week-end, qu'il n'a pas vu peut-être depuis dix jours. Sans l'ombre d'un doute, le terrain est miné dès la première minute de la journée.

Le petit est enfin assis devant sa tasse, mais la tartine de pain et le bol restent source de tensions. Car entre le stress ressenti par l'enfant, son besoin de provoquer un conflit entre son père et vous, et sa maladresse naturelle, les chances d'accident sont multipliées. On prouvera sûrement un jour, statistiques à l'appui, qu'il y a plus de bols de petit déjeuner renversés dans ces situations que lorsque l'enfant est avec ses parents biologiques ! Mais ce dégoulinage, c'est aussi une atteinte à votre intérieur, à votre jolie nappe ; c'est vous obliger à un effort de nettoyage ; le père essaiera peut-être d'atténuer le conflit en s'en mêlant lui-même, mais votre fatigue et vos préoccupations aidant, ce détail peut, s'il se répète, tourner au drame. Petit à petit, de matin en matin, le charme du petit déjeuner risque de basculer vers le calvaire. Vous n'avez pas le même plaisir avec l'enfant de l'Autre que vous auriez avec le vôtre, à comprendre les rêves qui ont animé sa nuit et à le voir grandir sous vos yeux. Il n'est pas ce petit bout de chou que vous avez mis au monde et dont les réflexions pertinentes vous émerveillent ; cet ancien bébé qui a lâché sous vos yeux un beau jour son biberon pour le bol. Non, il est celui qui coupe la parole et qui renverse son bol.

Méfiez-vous donc de cette tendance naturelle que nous avons à percevoir l'enfant de l'Autre uniquement dans son image statique, sans la replacer dans le cadre des énormes progrès qu'il a déjà accomplis depuis qu'il était bébé. Disons-le tout net, vous n'avez pas la même capacité à l'admirer que ne l'aurait sa mère. Le père, quant à lui, sent qu'il ne peut pas partager son émerveillement pour son petit, et retient ses élans. De jour en jour, les petits déjeuners deviennent de mauvais échanges et on trouve vite des prétextes pour laisser l'enfant tout seul devant son dessin animé tandis que vous prolongez votre grasse matinée de parents.

La grasse matinée

Ici encore, je voudrais vous mettre en garde : la grasse matinée ! Rien n'est plus traumatisant pour l'enfant de l'Autre que de trouver la porte de son père (ou de sa mère remariée) fermée quand il fait jour et que lui est bien éveillé. Il a beau se coller devant la télévision avec ses corn-flakes, ses « antennes » lui disent que des choses étranges se passent dans la chambre des grands. Les psy diraient qu'il revit « la scène primitive ». Mais cette scène primitive est faussée, elle est décalée, puisqu'il s'agit en fait de son père avec une femme qui n'est pas sa mère ; ou de sa mère avec un autre homme que son géniteur. C'est que déjà les idées de procréation et d'acte sexuel liés à sa naissance, qui suscitent des interrogations fortes chez notre enfant biologique, le troublent encore plus lorsqu'il s'agit de l'un de ses parents avec, disons-le, un « étranger » à sa création. Même si vous pensez être discrets en ayant prévu la veille qu'il regarde son feuilleton préféré, en ayant bien fermé une porte calfeutrée, en ayant prévenu que vous étiez fatigués et aviez simplement besoin de sommeil... la fermeture symbolique de la porte représente pour l'enfant l'idée de la copulation des adultes ! Je dis bien « copulation » car l'acte sexuel, coupé de l'idée de procréation, puisque ce n'est pas cet acte-là qui a présidé à sa naissance, apparaît dans sa plus dure expression, un rapport purement physique ; et de plus une remise en question du sens de l'acte initial qui lui a donné la vie, l'acte physique entre son père et sa mère. Quand on imagine la violence de la scène, on comprend ce que cela peut remuer dans l'âme enfantine, et ce quel que soit son âge.

Quelle ne fut pas ainsi la surprise d'une maman de trouver sa petite fille de 5 ans cachée sous son lit alors qu'elle venait de faire l'amour avec son nouveau compagnon ! Elle n'imaginait pas la fillette concernée par ce qui se passait entre eux.

Sachez donc que la curiosité de l'enfant de l'Autre est toujours exacerbée par votre vie sexuelle. Cette remise en cause de son couple de naissance est d'autant plus violente que dans votre nouveau couple vous êtes plus compagnons que parents : à chaque acte de la journée, les sentiments amoureux sont présents bien plus fortement que les sentiments parentaux. D'ailleurs, combien de nouveaux couples me disent faire plus souvent l'amour depuis leur remariage, et davantage pendant la journée que dans leur premier foyer ? Le besoin de se rassurer sur le sens affectif de cette nouvelle vie se mêle certainement à l'amour retrouvé.

L'enfant de l'Autre s'interroge donc sur l'acte sexuel. Si vous voulez respecter sa sensibilité, la pudeur doit vraiment être érigée comme règle : le couple recomposé ne fera l'amour qu'en l'absence de l'enfant, ou lorsqu'il fait nuit. Les grasses matinées porte fermée, les siestes porte fermée sont extrêmement douloureuses et agressives pour l'enfant de l'Autre, quelle que soit votre discrétion. Ne parlons pas, bien sûr, des bruits, des agissements et des tenues suggestives devant l'enfant. J'en profiterai aussi pour vous dire que le reste de la journée, la discrétion est de mise. Certes, l'amour qui existe entre son père et vous peut et doit être manifesté. Il est rassurant pour l'enfant que vous vous preniez par la main, par le cou, que vous vous asseyiez côte à côte lorsque vous regardez la télévision, que vous vous témoigniez un amour réciproque. Toutes ces attentions sont extrêmement positives car l'enfant aime ces marques d'amour et de respect réciproque. Elles renforcent son impression de sécurité, lui montrent que son parent, son père par exemple, est heureux avec vous ; ou que sa mère est choyée et protégée par un homme qui la respecte. Ces gestes sont donc importants. Par contre, une sexualité affichée, un baiser profond en présence de l'enfant, une main suggestivement placée, des réflexions faisant allusion aux relations sexuelles, ou la sieste porte fermée, sont des manifestations agressives qui manquent de respect à l'enfant.

« Mon beau-père embrasse maman sur la bouche toute la journée, et même en me regardant, me dit Chloé, 7 ans. Aussi, je préfère aller chaque fois que je peux chez mamie, mais maman ne me comprend pas. »

Vous avez la possibilité, puisque votre enfant passe beaucoup de temps chez l'autre parent, de réserver vos relations sexuelles pour des instants qui ne le choqueront pas. J'insiste sur cette nécessité.

L'exigence du « bonjour »

« Dis bonjour. » Le bonjour est l'un des premiers sujets de conflit, il offre un marquage immédiat des relations entre l'enfant de l'Autre et son beau-parent. Sous prétexte de politesse, il est facile d'exiger que le petit vienne vous embrasser pour vous saluer. Bien sûr, ce rite est important, mais il n'est pas toujours facile à respecter pour l'enfant de l'Autre. Autant il irait se blottir contre son père biologique, lui faire un câlin et sentir son odeur, un pouce dans la bouche avec son doudou, autant il aura du mal à vous dire : « Bonjour Christophe » en vous donnant un baiser sur les deux joues. Si vous voulez l'exiger, ou si sa mère l'exige en croyant bien faire, vous risquez d'imposer à l'enfant un geste qui lui sera vide de sens.

Pourquoi, souvent, l'enfant de l'Autre n'aime-t-il pas dire bonjour et/ou vous embrasser ? Dire bonjour à un étranger – et vous en êtes un – n'est pas toujours évident pour un petit. Nous le savons déjà bien avec notre propre enfant, dont nous secouions un peu la main dans l'ascenseur, pour qu'il dise « bonjour à la dame » ; ce n'est pas toujours naturel. Non pas que l'enfant ressente de l'hostilité, mais il éprouve simplement une sorte de pudeur. Lorsqu'un de mes petits patients entre dans mon bureau, sa maman essaie généralement de le pousser par un gentil « dis bonjour au docteur ! », mais le petit a plutôt tendance à se cacher dans ses jupes. Je réponds toujours : « Il m'a déjà dit bonjour avec les yeux ! » Je vois aussitôt l'enfant émerger, la mine ravie et l'air entendu. Ce sourire de gratitude pour ma compréhension vaut bien pour moi tous les « bonjour » formels des petits bien élevés !

Mais l'enfant peut aussi ne pas vouloir vous dire bonjour parce qu'il a l'impression que cela lui est imposé, sans correspondre à une véritable question ; cette sensation d'artificiel est d'autant plus puissante que les sentiments sont supposés exister vis-à-vis d'une personne pour laquelle il devrait, aux yeux des adultes, manifester une affection « quasi filiale ». Le fait que son parent insiste pour qu'il vous dise bonjour ne facilite pas les choses. Je ne saurai donc trop vous conseiller de ne rien exiger.

Quant au baiser, il est encore plus difficile à donner lorsqu'il n'y a pas une attirance spontanée. Si nous réfléchissons à ce que nous sommes en train d'essayer de faire, nous en voyons tout l'absurde ; nous apprenons à l'enfant à tricher avec ses sentiments. Mieux vaut conquérir son cœur.

Alors, que faire ? Lorsqu'il s'éveille, dites-lui joyeusement et gentiment vous-même : « Bonjour Nicolas », ou, encore plus tendrement : « Bonjour mon petit Nicolas. » Vous créerez ainsi une habitude telle que, lorsqu'il vous verra, il pensera : « Bonjour Françoise. » Mieux vaut que ce bonjour s'installe ainsi, par l'exemple.

Pour parler encore du baiser, tout dépend de vos rapports avec l'enfant. Si vous l'avez connu très jeune, si, dès l'âge de trois-quatre ans, vous avez eu un contact peau à peau, parce qu'il se glissait dans le lit, partageant votre petit déjeuner sur un plateau, les choses se passeront naturellement spontanément. Si, par contre, cet enfant est entré dans votre univers déjà grand, préadolescent – nous en reparlerons un peu plus loin –, il est évident que les rapports seront moins intimes et que vous aurez tous deux une grande pudeur, tout à fait respectable. Dans ce cas, le baiser sur la joue viendra peut-être moins facilement. Vous pouvez créer l'habitude en le donnant vous-même, certainement pas en l'exigeant.

Mes conseils sont donc toujours guidés par cette même idée : vous devez vous faire adopter par l'enfant de l'Autre, et ne pas espérer imposer des règles dans l'indifférence, ou, pire, sur des ressentiments. Mais, nous l'avons vu plus haut, vous faire adopter ne sera pas forcément aisé puisque son cœur est en même temps habité par son autre parent. Ainsi, si l'ex de votre compagnon a énormément souffert de la séparation parentale et si l'enfant se sent dépositaire de ses blessures, il aura plus de difficultés à vous dire bonjour et à vous embrasser, vous sa belle-mère. Ce ne sera pas parce que son père lui en intimera l'ordre que cela se passera mieux Au contraire, ce sera aggraver le sentiment de trahison de sa propre mère. C'est donc à vous, beau-parent, de comprendre que plus les rapports entre le père et la mère biologique sont difficiles, plus l'enfant aura du mal à être spontané avec vous. Vous pourrez peut-être avoir une influence positive sur votre compagnon en l'encourageant à panser les blessures de l'autre côté ; et vous-même, la belle-mère, pourrez adopter un comportement positif et apaisant vis-à-vis de la maman de cet enfant. C'est par là que viendra son envie de vous embrasser le matin. Rien à voir donc avec des préceptes rigides de politesse.

La toilette est également l'occasion de mille conflits

Les garçons ont une tendance certaine à ne pas aimer se laver correctement ni se brosser les dents. Ce que vous remarquez assez peu chez le vôtre vous horripile chez l'enfant de l'Autre. J'ai souvent été étonnée de voir comme l'haleine de dents non brossées incommode la belle-mère du garçonnet, alors que chez son propre enfant cela ne la dérange pas. Si vous infligez un changement d'habitude brutal, en affirmant que « chez vous, on se brosse les dents ! » et en faisant remarquer qu'il est répugnant de ne pas se les brosser, vous risquez évidemment de créer chez lui un sentiment de gêne qui ne réglera en rien le problème. L'enfant risque même d'être tenté de tricher, c'est-à-dire de mouiller sa brosse sans se laver les dents, ce qui vous permettra de dire : « Non seulement il est sale, mais en plus il ment. » Son père aura bien sûr honte de lui, et l'on ne s'étonnera pas si, le week-end suivant, l'enfant n'a pas très envie de venir. Vous vous direz peut-être alors « C'est sa mère qui lui monte la tête » ; mais sans doute est-ce simplement à cause de ces réflexions humiliantes que l'enfant ne se sent pas le bienvenu chez vous ?

Comment faire, alors ? Il n'est pas question non plus de rester dans le non-dit, d'accepter que votre beau-fils ait une mauvaise haleine et les dents sales sous prétexte que vous n'osez rien lui dire. Veillez d'abord à ce que l'enfant ait un endroit de rangement personnel dans la salle de bains, avec son gobelet, une brosse à dents ludique, que vous changerez souvent ; un dentifrice adapté à son âge, avec lequel il prendra plaisir à se brosser les dents ; ainsi qu'une serviette personnelle, l'idéal étant qu'elle soit marquée à ses initiales pour qu'il ait le sentiment d'être chez lui quand il fait sa toilette. Nous reviendrons sur cette question au moment du grand bain ou de la douche. Vous pouvez aussi lui offrir un sablier amusant, et transformer le brossage en partie de plaisir. Je suis persuadée que son père sera enchanté de telles séances. Ses sentiments envers vous s'en trouveront renforcés, bien davantage que si vous aviez simplement passé ce moment en tête à tête. Le temps apparemment volé au couple n'est pas toujours perdu pour vos rapports amoureux.

Ainsi, vous habituerez l'enfant à être propre, par l'exemple, dans une atmosphère agréable et ludique, bien mieux que par des critiques humiliantes remettant en question l'éducation maternelle.

La séance d'habillement

Si vous êtes en charge un jour d'école, ou de rendez-vous sportif, vous pouvez vous sentir bousculée par les horaires ; la séance d'habillement est source de mille irritations. Chez sa mère, l'enfant a ses petites affaires du lendemain bien préparées et pliées sur sa chaise, mais vous, chère belle-maman, vous êtes plus bousculée, moins organisée. Je constate l'existence d'une véritable « guerre des tricots » entre mères, belle-mères et mamies. Les histoires de linge sont un excellent révélateur des zizanies entre les deux foyers ! Les phrases assassines fusent à propos du moindre accessoire vestimentaire, et je vous retrouve en consultation me disant : « Excusez-le, docteur, il n'avait plus de chaussettes, elles sont toutes restées chez sa mère. J'avais pourtant bien demandé que... » Le père se plaint que le linge qu'il achète ne revienne jamais, et réciproquement. Il n'y a qu'un pas à franchir pour que vous preniez votre compagnon à partie : « Tu pourrais dire à sa mère de nous rendre le jean que tu lui as offert pour son anniversaire ! » Et le pauvre petit se sent très coupable de mal gérer ses affaires. Ce sont ainsi mille prétextes à conflits autour de ces problèmes d'habillement, des conflits dont l'enfant est victime, lui qui attache tant d'importance à son « look ». Toutes les critiques envers l'autre parent sont possibles et souvent formulées : « Docteur, il a toujours son fond de culotte mouillé, c'est normal, je ne comprends pas que sa mère lui mette des pantalons à bretelles, ce n'est vraiment pas commode pour faire pipi à l'école ! » Ou encore : « Je ne sais pas pourquoi elle t'achète des jeans à boutons, la fermeture Éclair c'est tellement plus simple ! » ; « Pourquoi te laisse-t-elle porter des pantalons si longs, elle a peur de t'en racheter trop tôt ou quoi ? ! » Et les paroles claquent, qui agressent l'enfant dans le fond de son cœur, dès le début de la journée.

Mais ce qui vous irrite le plus, c'est sans doute sa passivité : « Il n'a pas encore mis ses chaussures, il faut que je les lui mette sinon il ne s'habille pas, il n'est pas prêt. Vraiment, sa mère le couve trop. » Mais ce que vous ne savez pas, c'est que chez lui il s'habille, tout seul, joyeusement. Comme il ne communique pas vraiment avec vous, les adultes, il s'est plongé dans les images de la télévision et n'a plus envie de s'en détacher : ou bien il est parti dans ses rêves en jouant avec ses Play-Mobil, et se chausser lui paraît vraiment la plus inintéressante des activités. Il sait que vous allez râler, que papa et vous allez avoir des mots à ce propos, mais ce n'est pas vraiment son problème ; et je dirais même que ça fait partie de son comportement : irriter son père et sa belle-mère.

Reprenons la marche à suivre pour que la séance d'habillement se passe bien. D'abord, vous devez être attentive à sa tenue. Qu'il s'agisse de vêtements qui lui plaisent, qu'on y ait pensé à l'avance. Vous devez surtout respecter sa sensibilité : certains enfants veulent toujours mettre la même tenue. Dans ce cas, pourquoi les contrarier ? Vous le convaincrez en douceur, sans le forcer, en lavant son pantalon préféré le plus vite possible, mais en y apportant quelques petits détails nouveaux. C'est à sa mère de faire évoluer ses goûts. Car l'habit, c'est son enveloppe depuis qu'il est né ; c'est elle qui s'en est occupée depuis les premières petites brassières qu'elle lui mettait. Quelles que soient les critiques qu'on ait pu adresser à cette maman, vous devez respecter les préférences de l'enfant en matière vestimentaire. Cela ne doit pas vous empêcher de lui acheter de temps à autre un vêtement de votre choix et d'influencer son goût, mais à condition d'emporter totalement son adhésion. S'il ne veut pas porter le pull que vous lui avez offert, n'insistez pas. À l'inverse, faites attention de ne pas négliger complètement ses vêtements, et de ne pas lui faire remettre un jean sale ou une chemise trop petite sous prétexte que vous n'avez pas le temps de vous en occuper. Souvent, ce sont nos sentiments d'indifférence qu'exprime notre négligence vis-à-vis de sa tenue. Comme il n'est pas votre prolongement, comme il n'est pas porteur de votre héritage familial, inconsciemment vous vous sentez moins concernée par son apparence. Il n'est pas votre carte de visite. Donc vous acceptez qu'il soit débraillé. Je pense en particulier à cette petite fille toujours dépenaillée lorsqu'elle sortait de chez sa belle-mère, alors qu'elle était très bien vêtue lorsqu'elle venait avec sa maman. Cela me frappait à chaque séance de psychothérapie, et nous avons pu travailler avec cette belle-mère (qui disait tant l'aimer) sur son comportement et ses vrais sentiments. Je lui ai demandé d'apporter l'album de famille. Quand je lui ai fait remarquer que les tenues de sa belle-fille étaient trop petites et tristes en comparaison avec celles de ses amies de classe, elle a fondu en larmes. À partir de ce moment, nous avons pu travailler ses sentiments négatifs envers cette enfant. Mais il a fallu une dizaine d'entretiens psychothérapeutiques pour approcher de la vérité : cette femme avait perdu un bébé malade lors de sa seule grossesse ; celui-ci aurait eu à présent l'âge de sa belle-fille...

Il faut donc prendre soin de sa tenue tout en acceptant totalement ses goûts, et préparer ses affaires la veille, ne pas hésiter à l'aider à s'habiller ou demander à son père de le faire. Mais il faudra éviter de lancer à ce dernier : « Tu ne trouves pas qu'à son âge ton fils devrait s'habiller tout seul ? Il n'est vraiment pas autonome ! » Analysez la part de frustration qui est en vous, frustration bien compréhensible : cet enfant ne vous prend-il pas son père au moment du petit déjeuner, au moment où vous voudriez faire le point pour la journée, au moment où vous voudriez lui exprimer votre amour ? Et c'est pour l'enfant l'occasion d'un contact avec son père : les gestes d'habillage sont porteurs de messages affectifs. Le mot « autonomie » n'est-il pas souvent un prétexte pour pousser les enfants à ne pas déranger les adultes ? S'agissant de l'enfant de l'Autre, vous devriez vous en interdire l'usage.

Je vous propose d'ailleurs une liste des mots à bannir concernant l'habillage, dès lors qu'ils font allusion aux choix de l'autre parent :

– Tu n'as que des baskets comme chaussures ?

– On ne met pas des tennis tous les jours (en réalité, aujourd'hui, les chaussures de tennis de marque sont aussi bien faites pour la voûte plantaire que les meilleures chaussures anglaises) !

– Un « jogging », c'est pour faire du sport !

– Ta mère accepte que tu mettes ces pantalons trop longs ?

– Ces caleçons, ce n'est vraiment pas pratique ! Pourquoi ne portes-tu pas des slips ?

Tout dans l'apparence de l'enfant peut être source de conflits, et plus particulièrement la coupe de cheveux.

Je pense que s'il y a une chose à respecter, c'est la coiffure. Un enfant supportera très mal, alors que sa mère aime les cheveux longs, que vous décidiez un week-end, en accord avec son père, de les lui couper. C'est une atteinte à son identité, même s'il s'y soumet. Lorsque sa maman le reverra, elle aura l'impression que vous l'agressez dans ce qui lui est le plus cher. Vous devez même éviter de dire à son père devant l'enfant : « Comment se fait-il que vous ne lui fassiez pas couper les cheveux ? » En aucun cas, vous ne devez l'emmener chez le coiffeur d'autorité ou profiter de ce qu'il vous accompagne pour lui imposer une coupe, autant dire un geste castrateur. N'oubliez pas que la force de Samson était dans sa chevelure !

Comment réagir, alors, surtout quand la coiffure est bizarre, à l'évidence provocante, crâne rasé, ou crête rousse ? Vous avez le droit, bien sûr, d'avoir votre avis. Je ne veux surtout pas dire qu'il faut rester dans le non-dit, que vous devez sans arrêt faire la muette, ou le muet, et garder votre opinion pour vous. Car la tension s'accumulerait et finirait par exploser brutalement. Mais vous devez respecter profondément les réactions de ses parents. Donc vous pouvez très bien dire à l'enfant : « Je sais que tu aimes être ainsi, et puis cela ne gêne pas papa et maman ; peut-être même aiment-ils cette coiffure ? Moi, je te trouverais plus beau avec les cheveux au carré, par exemple, mais chacun a sa sensibilité et ses goûts. » Vous ferez ainsi passer le message de vos préférences. Même s'il continue d'arborer son originalité, il saura que vous vous intéressez à lui. Et un jour, proche ou lointain, il reviendra à un look moins provocateur. Mais tout cela ne doit pas vous empêcher de dire que vous aimez être fière lorsque vous sortez avec lui, et vous aimeriez qu'il soit conforme à l'image d'un enfant qui porte une part de vous, puisqu'il est votre beau-fils. Le rêve est que vous puissiez en parler dans ces termes-là avec ses parents, ensemble. Mais que tout cela se fasse avec des mots d'amour et de fierté, et non pas en critiquant et en dénigrant.

Son cartable, ce jardin secret

Comme votre cartable, madame, ou votre attaché-case, monsieur, le cartable de l'enfant est son univers intime. C'est bien sûr aussi le lien entre ses différents lieux de vie : l'appartement de sa mère, l'école et votre maison. C'est donc un lieu stratégique, auquel il convient aussi d'appliquer des règles précises. Vous ne devez jamais ouvrir son cartable en cachette, sans autorisation, car il peut receler ses petits secrets d'enfant, un dessin offert par sa copine préférée, le calot du jeu de billes que lui a donné son meilleur ami, mais aussi une mauvaise note ou un billet du professeur dont il ne souhaitait pas vous parler. N'oubliez pas que les personnes responsables de sa scolarité sont, d'une part sa maman et de l'autre son papa. Ne vous mettez pas en avant si cela ne vous est pas expressément demandé. Mais, comme je vous l'ai dit, ce n'est pas non plus dans le non-dit que l'on construit un enfant. Si vous voulez vous impliquer, veillez simplement à obtenir l'adhésion de ses deux parents dans cette démarche et surtout celle de l'enfant. S'impliquer dans la gestion du cartable, c'est lui proposer des règles de vie : « Si tu veux, nous allons ouvrir ton cartable ensemble pour le ranger quand tu reviens de l'école ; c'est le seul moyen de s'organiser pour faire correctement les devoirs. » Si vous vous apercevez en ouvrant le cartable que l'enfant a une poésie à apprendre mais qu'il n'a pas pris son cahier, proposez-lui de téléphoner à son meilleur ami et faites en sorte de réparer en vous en procurant le texte. Expliquez-lui bien que c'est pour l'aider et non pour le gronder. Ne le houspillez pas. Montrez-lui simplement que ses oublis sont rattrapables, mais qu'on ne restera pas sur un travail non fait sous prétexte qu'on n'a pas le cahier. C'est le meilleur moyen pour faire en sorte qu'il prenne l'habitude de ne plus oublier ses cahiers. Ce travail de réparation de l'oubli est plus profitable qu'une leçon de morale toujours humiliante. Ayant ainsi défait le cartable ensemble, si vous tombez sur les petits secrets, évitez de faire des commentaires, sauf si l'enfant lui-même les sollicite. De la même façon, le cartable sera peut-être sale, empli de bouts de papier, miettes de gâteaux, ne le secouez pas sans le lui avoir proposé ; demandez-lui simplement s'il veut qu'on le nettoie ensemble. De même, complétez, réassortissez régulièrement sa trousse. Les héros qui figurent sur ses cahiers sont partie prenante de l'identité de l'enfant et en respecter le choix est aussi la preuve d'une bonne complicité. Maintenant, si vous voyez qu'il met des monstres partout, que ses dessins sont très noirs, si vous voyez que son cahier de texte est très mal écrit, plein de taches, et que son cahier du jour est couvert de fautes, ne le grondez pas ; dites-vous qu'il y a un problème et parlez-en avec ses parents, en dehors de toute attitude critique.

Devez-vous contrôler ses devoirs ? C'est un immense don de soi que de vouloir soutenir un enfant dans son travail scolaire. Votre compagnon appréciera certainement votre démarche. Mais, souvent, les devoirs du soir se passent dans une atmosphère de critique, de réprimandes, d'énervement parce que l'enfant ne comprend pas bien. Si tel est le cas, votre compagnon le vivra douloureusement, comme une blessure narcissique.

Mieux vaut alors savoir vous mettre en retrait. De même, si la manière dont vous faites faire le travail est source de conflits, soit que l'enfant n'ait pas envie de travailler avec vous, soit qu'il voie dans votre jugement une critique de l'éducation maternelle : « Comment ! Ta maman ne t'a pas fait apprendre le début de cette poésie ! Mais qu'est-ce que tu as fait toute la semaine alors ? » Ce genre de réflexion attente à l'affection que l'enfant a pour sa mère ; elles ont un effet dévastateur. Si vous ne pouvez vous en empêcher, évitez alors de vous mêler du soutien scolaire. Par contre, si vous le faites avec plaisir, et si l'enfant vient vous chercher pour l'aider, vous connaîtrez alors de précieux moments de complicité. J'ai vu des enfants reconnaissants parce que leur beau-père leur expliquait bien les mathématiques ou parce que leur belle-mère avait réussi à leur faire comprendre la division, ou leur avait expliqué merveilleusement la dernière leçon de biologie, ce qui leur avait permis d'avoir une bonne note. L'enfant attache bien plus d'importance qu'on ne croit à ses succès scolaires et vous saura gré des notations que vous lui vaudrez si cela se passe dans une ambiance de découverte. Il apprendra ainsi à mieux connaître votre façon de raconter, de raisonner.

Mais n'oubliez pas que votre mission n'est pas de faire du soutien scolaire. Ses parents sont là pour ça, et votre action ne peut être que délibérément sollicitée et souvent ponctuelle. D'autant que, si vous êtes une belle-mère, l'enfant n'est pas à votre charge de manière continue, vous ne participez à son travail scolaire que de façon occasionnelle. Cela dit, je trouve vraiment regrettable que la plupart des enfants fassent leur travail régulièrement chez leur mère, mais que le cartable ne soit pas du tout ouvert dès lors qu'il est chez le père. Et je fais appel aux pères pour qu'ils complètent la mission de soutien scolaire de la mère ; ce n'est pas la fonction de la nouvelle compagne, même si elle le fait de bon cœur. Il est exceptionnel que le rôle de répétitrice scolaire assumé par une belle-mère soit vraiment positif pour l'enfant, comme pour le couple.

La préparation du cartable est un moment de complicité dont vous devez profiter. C'est l'organisation de la journée de l'enfant qui est en jeu. Ne vous en désintéressez pas sous prétexte que vous êtes rentrée tard hier soir et que ce n'est pas votre enfant. Demandez-lui s'il est d'accord pour que vous contrôliez son jardin secret, et s'il veut un petit goûter ou s'il souhaite emmener tel instrument. Vérifier que sa trousse est complète, qu'il n'a pas oublié de cahiers, qu'il a ses affaires de gym sont autant de marques d'intérêt pour la journée. Bien sûr, ce n'est pas votre enfant et j'espère que votre compagnon s'en occupe ; il ne faut pas que tout repose sur vos propres épaules. Mais que ce soit lui – de préférence – ou vous, pour quelques détails complémentaires, cet intérêt pour le cartable de l'enfant lui assure un bon départ dans la journée et construit votre complicité.

Lorsque vous voyez qu'il veut emmener un petit objet fétiche, son doudou quand il est petit, un monstre qui le valorisera aux yeux des copains quand il est plus grand, surtout respectez ce désir. Intéressez-vous à son imaginaire et partagez ses enthousiasmes.

L'école, sa vitrine

Si vous le conduisez à l'école le samedi matin, sachez que l'enfant peut être perturbé si ses copains vous prennent pour sa mère, et même s'il vous appelle par votre prénom, vous le verrez souvent leur préciser : « C'est ma belle-mère. » C'est important : n'hésitez pas à demander le prénom de ses amis, vous lui montrerez ainsi que vous leur attachez de l'importance. De même, proposez-lui d'inviter en week-end un de ses camarades. Saluez sa maîtresse quand vous le pouvez, c'est une bonne démarche, encore faut-il être discrète si vous pensez que sa mère ne verra pas cela d'un bon œil ; dans ce cas, un petit salut discret est suffisant. Laissez le père et la mère jouer leur rôle. Dites au revoir à l'enfant devant ses camarades en le saluant par son prénom. Ainsi il verra son identité reconnue et il partira confiant vers la cour de récréation. Évidemment, je pense que vous avez compris que les leçons de morale, les remontrances comme « J'espère que tu ne vas pas ramener une punition aujourd'hui ! N'oublie pas d'être parfaitement sage » ne sont pas de mise au moment où vous le déposez à l'école. Si vous voulez lui faire des recommandations, soyez positive : « Je sais que tu vas être sage aujourd'hui. N'hésite pas à te mettre au premier rang pour bien écouter la maîtresse. Je serai contente ce soir de savoir ce qu'elle t'a appris, tu me raconteras... » Ce sont des phrases bien plus porteuses pour l'enfant que des propos moralisateurs. De même, lorsque vous devez aller chercher l'enfant à l'école, reconnaître ses camarades à la sortie, leur dire un petit mot, les saluer, ramener votre beau-fils, est très important ; on n'imagine pas à quel point la sortie d'école est pour l'enfant une sorte de vitrine de sa vie de famille aux yeux de ses copains. Avoir une belle-mère charmante qui le respecte et reconnaît ses amis ou sa maîtresse est pour lui extrêmement valorisant. Si vous accompagnez son père, donnez de vous l'image d'un couple respectueux, mais ne faites pas de démonstration d'amour ostentatoire. Rappelez-vous que les autres jours, c'est sa mère qui vient le chercher et que vous devez être discrète.

Les repas, au cœur des conflits

Lorsque l'enfant de l'Autre est à table, tout vous irrite. Vous trouvez qu'il mange la bouche ouverte, qu'il fait du bruit, qu'il ne soulève pas son coude en portant sa fourchette à la bouche, qu'il se tient voûté et qu'il balance ses pieds, qu'il renverse son verre et se lève trop souvent de table, qu'il n'aide pas assez à mettre le couvert et s'enfuit au moment de débarrasser. Cette liste de défauts peut paraître caricaturale, mais combien de fois ai-je constaté qu'on ne voit pas que son propre enfant mange la bouche ouverte alors que chez l'enfant de l'Autre on ne remarque que ça ! Ainsi sont les rapports avec ce petit qui n'est pas né de votre ventre. Parce que vous ne vous êtes pas donné tout le mal que s'est donné sa mère, parce que vous ne vous êtes pas émerveillée à chacun de ses progrès, vous ne voyez que la faute. Certes, lorsque vous le reprenez sur tous ces détails, vous pensez que c'est pour son bien mais, comme nous l'avons déjà vu, ce n'est pas si simple. Ce face-à-face que représente le repas révèle tout le poids de notre inconscient.

En même temps, vous êtes étonnée que votre compagnon ne corrige pas son enfant. Vous êtes persuadée que c'est lui rendre service que de lui montrer les belles manières, et vous essayez d'en convaincre son père. L'un de mes amis architecte me disait l'autre jour : « Certes, mon enfant se tient mal à table mais il y a plusieurs raisons pour lesquelles je ne peux pas facilement le corriger :

– d'abord, je ne le vois qu'épisodiquement, puisqu'il vit chez sa mère, et je ne veux pas transformer chacun de nos instants communs en cours de maintien ;

– d'autre part, je dois reconnaître que je ressens comme une humiliation personnelle les remarques de ma compagne sur la mauvaise tenue de mon fils. »

Ainsi, par cette double réaction de déni des mauvaises manières et de protection de l'enfant, ce père reconnaît se protéger lui-même. Sa compagne a beau comprendre cette sensibilité parentale, elle trouve tout à fait insupportable de voir l'enfant manger aussi mal.

Et en plus l'enfant en rajoute ! Déjà provocateur avec l'adulte parce qu'il teste les limites, sentant en outre la faille dans le nouveau couple, il aura tendance à en faire davantage : plus de bruit, la bouche ouverte encore plus grande que lorsqu'il est chez des amis, et l'on vous dira : « Mais il se tient parfaitement bien ailleurs ! » C'est une façon pour lui de s'immiscer dans votre nouvel amour. Trouvant que vous accaparez trop l'attention de son père, cherchant sa place, il déclenchera à plaisir un climat de combat autour de la table familiale. Imaginez : il existera bien mieux ainsi qu'en se taisant, en se tenant comme un « petit lord ». Vous essaierez peut-être de le questionner sur ses amis, son travail, mais vous risquez de toujours tomber mal. Durs, durs sont donc les repas familiaux.

Voici des conseils pratiques pour désamorcer les bombes :

- Lorsqu'il faut passer à table, tout enfant occupé à jouer ou à regarder la télévision va traîner les pieds. De même s'il s'agit de mettre le couvert. Il faut faire très attention à ne pas être injuste ; combien de parents sont extrêmement tolérants avec un enfant et exigeants avec un autre, à l'intérieur de la même fratrie ? Lorsqu'il s'agit de l'enfant de l'Autre vous serez toujours plus agacée lorsque vous le verrez se dérober et refuser de vous rendre service. Bien sûr, il faut habituer les petits à nous aider, vous n'êtes pas leur servante ! Mais, en même temps, si vous exigez une participation aux tâches domestiques, il faut que vos rapports ne se placent pas uniquement sur ce registre. Montrez que vous vous intéressez à son feuilleton préféré, que vous comprenez comme il est difficile d'éteindre la télévision, proposez d'enregistrer l'émission pour qu'il la regarde après. Alors, même s'il ronchonne, il appréciera que vous l'aidiez à mettre la table en contrepartie.

- Si des quasi-frères et des quasi-sœurs sont réunis, il faut veiller non pas à une justice quotidienne, impossible à doser, mais à être équitable sur la durée. Évitez de mettre l'enfant de l'Autre en face de vous. Lorsqu'un enfant se tient mal à table, cela est beaucoup plus apparent face à face. Vous risquez plus de ressentir le lancement des pieds dans vos tibias et de voir la bouche grande ouverte. Mettez donc l'enfant de l'Autre à côté de vous, face à son père.
- Donnez-lui une chaise adaptée à sa hauteur. Un tout petit aura bien du mal, le menton presque au niveau de son assiette, à lever son coude pour boire sa soupe. Il faut donc ajouter un dictionnaire, comme le faisaient volontiers nos grands-mères, si nous voulons qu'il porte « sa tasse à sa bouche et non sa bouche à sa tasse », selon la formule classique. Donnez-lui un verre stable, quitte à ce qu'il ait son verre personnel, large, à fond très plat, décoré de ses héros préférés. Si

vous voyez que, comme bien des enfants, il pose le verre en position instable au bord de la table, sans même lui faire de réflexion, repoussez le verre devant son assiette.

- Attribuez-lui une serviette personnelle, avec une pochette ou un anneau à son nom pour qu'il se sente toujours accueilli.
- Ne multipliez pas les plats pour que le repas ne s'éternise pas. S'il s'agit d'un repas de famille ou qui risque de se prolonger, vous pouvez très bien n'appeler les enfants qu'au moment du plat principal et les laisser aller jouer en attendant le dessert. Un enfant ne peut pas rester tranquille à table avant l'âge de sept ans.
- Ne lui imposez jamais, au grand jamais, de manger des aliments qu'il n'aime pas. Pourquoi contrarier ses papilles gustatives ? N'oubliez pas qu'il a développé son goût in utero et s'est habitué à la cuisine de sa maman. Ne le forcez pas à aimer vos repas. Même si vous êtes une « famille poisson », peut-être a-t-il fait un blocage parce qu'on a insisté. La première marque de respect envers un enfant, c'est de ne jamais le forcer au plan alimentaire. Débrouillez-vous pour qu'il y ait toujours à table un plat qu'il aime. Si vous avez prévu du poisson, vous l'accompagnerez de purée enrichie en œuf et lait pour qu'il puisse au moins manger l'accompagnement et vous ne ferez pas de réflexion. S'il n'aime pas le dessert, vous aurez prévu du fromage et n'hésiterez pas, ses jours de présence, à miser plus sur le poulet, les biftecks hachés, les frites et les pâtes. Il se mettra d'autant plus à vos menus qu'il vous aimera.

- Si vous ne pouvez éviter de lui faire des réflexions sur ses manières, faites-le avec tact. Racontez des anecdotes de votre enfance. Montrez-lui que vous comprenez que ce n'est pas facile de bien se tenir et ne réagissez pas au quart de tour dès la première bouchée : vous ne cherchez pas à démontrer que sa mère l'a mal éduqué !
- Essayez d'adapter la conversation aux centres d'intérêt de l'enfant. Cela ne veut pas dire que vous devez éviter de parler de vous ou de son père, mais encouragez l'enfant à prendre part à la conversation et à tirer profit du repas pris en commun. De même, si vous parlez de personnes qu'il ne connaît pas, faites une petite parenthèse pour lui expliquer de qui il s'agit. Vous ne pouvez lui demander de participer à vos repas si vous ne l'impliquez pas dans la conversation. Il y a de grands débats dans les familles pour savoir si l'on doit parler des notes et des devoirs à table. Nombre d'enfants apprécient que l'on s'intéresse à leur vie scolaire et cela donne souvent l'opportunité d'agrémenter la conversation de sujets culturels. Si votre intérêt pour l'école est marqué, il est bienvenu lors des repas. Si, par contre, il s'agit de faire des critiques sur la qualité de son travail scolaire, le repas n'est absolument pas le bon moment. Dans le même ordre d'idées, faut-il parler de votre métier ? Je trouve affligeant qu'on se l'interdise. La plupart des enfants de 8 à 10 ans ne savent pas vraiment ce que font leurs parents ou beaux-parents. En revanche, ils savent que l'on revient épuisé d'une journée de dur labeur, tard, ce qui interdit de passer autant de temps que l'on souhaite avec ses enfants. On

> s'étonne ensuite de les voir si peu motivés. Il faut parler de son métier mais de façon positive. Toute personne qui travaille y trouve une part de satisfaction. Pourquoi ne pas expliquer votre rôle professionnel, raconter des anecdotes ? De même, vous pouvez débattre de politique, des droits de l'homme, raconter l'actualité, transmettre vos valeurs. Les repas deviennent ainsi l'occasion pour chacun de mieux se connaître.

Il est important que les repas familiaux soient un moment de plaisir, sans conflits inutiles. Je pense que, grâce à ces conseils, vous éviterez ce qui est si souvent caractéristique des familles recomposées : le repas est l'occasion de conflits qui font que l'enfant, en devenant adolescent, aura tendance à s'isoler. Cela me semble très néfaste pour son devenir.

Les sorties, en être ou ne pas en être ?

Les sorties avec l'enfant de l'Autre ne se passent pas du tout comme les sorties avec l'enfant biologique. J'ai connu des pères très peu paternels, et n'aimant pas les sorties en famille dans leur premier foyer, qui ont pris l'habitude de sortir avec leur enfant une fois la séparation consommée. Il y a plusieurs raisons à cela :

– la culpabilité a déjà conduit le père, depuis la séparation, à s'occuper des loisirs de son enfant. Lui qui n'aimait pas les sorties en famille a découvert le McDonald's, le cinéma et les promenades à vélo ;

– la crainte d'être oublié en tant que père, de ne plus transmettre ses valeurs, l'amène aussi à s'investir dans les loisirs.

Aussi, lorsque les promenades s'organisent le samedi

après-midi avez-vous l'impression, vous la nouvelle compagne, d'être une pièce rapportée dans un couple père/enfant qui fonctionne si bien tout seul. On choisit le film en fonction de l'enfant, non pas de vos désirs personnels ; les restaurants font partie des habitudes père/enfant. Vous avez parfois du mal à prendre du plaisir lors de ces sorties. Les courses suscitent aussi des critiques : « Le père dépense plus qu'il ne faudrait et passe à l'enfant tous ses caprices. » Il faut que la paire de chaussures soit de marque ; l'enfant trépignera pour qu'on loue pour le soir la cassette vidéo de ses rêves, qui n'est pas forcément celle qui pourrait vous plaire. Devant cette complicité père/enfant, comment trouver votre place ?

Si vous devez faire des courses avec l'enfant, établissez d'abord un budget raisonnable avec son parent. N'hésitez pas à participer au choix des vêtements, mais n'imposez pas votre goût, vous n'êtes pas le parent biologique, ne l'oubliez jamais.

Un compagnon n'est jamais le concurrent d'un enfant dans le cœur de son père. Il faut donc savoir prendre du plaisir à les voir heureux ensemble. Mais vous devez en même temps être vraie, rester vous-même. Ne vous forcez pas à participer à des parties de bowling ou à voir des films violents qui ne vous séduisent pas. Sachez par contre assister avec le père à une compétition de foot ou à un spectacle de ballet. Partager la joie de l'enfant avec son parent est le meilleur moyen de créer une forte complicité dans votre couple et de découvrir ainsi l'enfant de l'Autre sous un autre jour. Il est probable que vous apprendrez à mieux l'aimer en montrant de l'intérêt à ses exploits sportifs ou artistiques. D'autre part, partager avec son père le regard posé sur l'enfant et l'émotion devant ses joies et ses réussites, comme devant ses échecs, est un grand ciment pour votre nouveau couple.

Mais il se peut aussi que vous ayez pour compagnon un père qui s'en remette entièrement à vous. Certaines femmes me disent combien elles ont l'impression d'être choisies comme substitut maternel auprès d'un enfant dont le père se trouve fort encombré lorsqu'il en a la garde le week-end. Favoriser cette démission, en prenant toute l'organisation sur vos bras, ne me semble en rien positif ni pour vos rapports de couple ni pour vos rapports avec l'enfant. Votre rôle n'est pas d'être un substitut parental. Si vous insistez pour que le père partage les loisirs de l'enfant, vous aurez joué un rôle très positif pour eux deux. À l'inverse, si vous êtes le beau-père, sachez vous effacer et regarder la mère et l'enfant partir main dans la main pour une promenade en tête à tête. N'oubliez jamais que ces deux-là se sont connus avant que vous n'arriviez et qu'ils ont une connivence qui va bien plus loin que votre relation. Vous n'êtes pas le parent de naissance et vous devez favoriser des instants de tête à tête entre votre compagne et son enfant.

Le téléphone, un si précieux cordon

Le téléphone est un instrument qui demande un doigté particulier. Il est le grand révélateur des problèmes affectifs entre l'enfant et les différents partenaires adultes qui en ont peu ou prou la responsabilité. Votre belle-fille ou beau-fils doit pouvoir appeler son autre parent aussi souvent qu'elle ou il le veut. Le respect de cette liberté est très important.

- Lorsque vous sentez que le petit a « le blues », proposez-lui d'appeler. L'enfant ne doit pas se sentir piégé chez vous et vous devez respecter sa tristesse. Ne dites pas : « C'est de la comédie », et s'il veut voir sa maman alors que ce n'est pas prévu, vous allez répondre le plus possible à sa demande. Les besoins affectifs passent avant les principes. Si l'enfant sent que c'est votre philosophie, il sera bien plus heureux de venir chez vous !

- Il est donc très important qu'il puisse appeler librement sa mère ou son père. Librement. C'est-à-dire quand il veut et sans témoin. Vous ne devez pas rester près de lui pendant la conversation, ni mettre le haut-parleur, comme j'ai vu faire un père en conflit avec la mère. Vous devez laisser à l'enfant la possibilité de se confier, éventuellement de pleurer s'il est triste.
- On invoque souvent des contraintes financières. Il m'arrive de voir des familles où le père est dans un pays lointain, où la facturation du téléphone grimpe vite. Je pense au petit Justin dont le père est aux États-Unis. Malgré un train de vie aisé, celui-ci ne paie pas la pension alimentaire ; par contre, lorsque son fils lui téléphone depuis Paris aux frais de la maman, il prolonge indéfiniment les conversations, sans jamais proposer de raccrocher et de rappeler, ce qui serait la moindre des choses. La mère n'ose pas intervenir pour arrêter, car quel rôle jouerait-elle ? Celui de la mauvaise mère qui empêche son enfant d'avoir une relation avec son père. Ces situations sont plus courantes qu'on ne le croit, mais il faut intéresser l'enfant au coût du téléphone. Le téléphone, c'est comme une tirelire. Lorsque l'on parle, on vide la tirelire. La notion d'argent doit s'acquérir lorsqu'on est petit. Même pour parler à son parent il y a un budget téléphone à régler. L'idéal est donc, si les parents

s'entendent suffisamment bien, d'établir une ligne de conduite commune par rapport au téléphone et à son budget. Si l'un des deux habite l'étranger, il est encore plus important de ne pas avoir de scrupules à évoquer le budget communication. Un petit coup de téléphone de moins de deux minutes doit être toujours autorisé à l'enfant. Mais dès lors que l'on dépasse un certain nombre d'unités, le parent appelé doit lui-même proposer à l'enfant que l'on raccroche et qu'il rappelle. Et l'on peut distinguer selon le type de conversation de l'enfant :.

- s'il s'agit du besoin de raconter un événement important, l'anniversaire qui vient d'avoir lieu, une bonne note en classe, un film passionnant, ou bien un gros chagrin. Dans ce cas, la longueur de la conversation, même si elle doit se dérouler dans un temps imparti pour des raisons d'argent, a un sens,
- si l'enfant laisse des silences et fait du remplissage uniquement pour ne pas raccrocher parce que, petit, on ne sait pas toujours interrompre, ni à quoi sert une conversation téléphonique : dans ce cas, il est du devoir du parent appelé de dire au revoir en promettant de rappeler dès le lendemain,
- si l'enfant semble dans le désarroi : à son ton, voire à ses pleurs, le parent est inquiet, il faut alors qu'il puisse vous dire combien le petit est triste. C'est pourquoi le respect de l'enfant de l'Autre passe par un dialogue entre l'ex et vous, la belle-mère, le beau-père. Seuls ces rapports amicaux permettent de limiter le téléphone sans porter atteinte à l'équilibre affectif de l'enfant.

Il faut aussi que l'autre parent puisse téléphoner facilement à l'enfant. Il y a là différents cas de figure :

- la situation la plus sereine est celle où l'autre parent prend de ses nouvelles une ou deux fois dans le week-end. Si l'appelant engage une conversation amicale avec l'adulte présent, avant de parler à l'enfant, dans une atmosphère sereine, le petit viendra volontiers parler et ces appels téléphoniques sont bénéfiques.
- Il peut y avoir aussi une absence d'appels téléphoniques parce que l'autre parent sait que l'enfant est heureux avec vous et peut l'appeler facilement en cas de besoin. Donc pas de nouvelles, bonnes nouvelles. L'enfant ne demande pas non plus à appeler, n'insiste pas pour savoir si sa mère a appelé ; il est serein, il s'amuse, il sait qu'il peut la joindre quand il veut.
- Il arrive trop souvent que l'enfant demande à téléphoner mais que votre compagnon (ou compagne) s'en irrite. Vous, la belle-mère, devez jouer un rôle apaisant. Rien n'est plus révoltant que la situation de Sophie, qui avait de fait l'interdiction d'appeler sa mère lorsqu'elle passait le week-end chez son père. Officiellement, elle en avait le droit, mais en réalité ce n'était jamais le moment. Lorsque sa mère appelait, le père branchait le haut-parleur et restait dans la pièce. Combien de fois, dans le secret de la consultation, la petite m'a dit s'empêcher d'appeler sa mère dans ces conditions : « Vous comprenez, quand je suis chez papa, je ne peux pas appeler maman

parce qu'il écoute tout et je sais que tout l'énerve. » Sa mère lui avait offert un portable, mais le papa espionnait sa messagerie. Cette immixtion dans les rapports de l'enfant avec son autre parent est inadmissible ; ce sont des règlements de comptes d'un couple séparé et aucun prétexte ne peut les justifier. On peut, en tant que beau-parent, encourager son compagnon (ou sa compagne) à respecter les besoins de communication entre l'enfant et son autre parent.

– Mais parfois les appels tournent au harcèlement : lorsque l'autre parent souffre d'avoir été délaissé, ou du nouvel amour que vit son ancien partenaire, tous les prétextes sont bons pour s'incruster dans votre nouvelle vie. J'ai connu un père qui achetait la boîte de pilules de son ex, pourtant remariée. Si vous ressentez une telle intrusion, ce n'est pas en interdisant d'appeler ou en étant désagréable que vous rendrez la situation plus sereine. Il faut au contraire chercher à améliorer les relations entre les deux parents biologiques et atténuer la souffrance que peut ressentir l'exclu.

– L'enfant demande peut-être à appeler très fréquemment. Nous l'avons dit, l'enfant de l'Autre doit avoir une grande liberté pour téléphoner. Si vous sentez qu'il appelle son autre parent de façon compulsive, répétitive, frénétique, il ne faut pas réagir en imposant des horaires précis. Ces appels correspondent à une souffrance de l'enfant et, pour comprendre d'où provient celle-ci, vous avez plusieurs solutions : vous pouvez vous demander d'abord si votre compagnon/compagne n'a pas de bonnes raisons de se montrer tolérant. Si les appels deviennent vraiment trop fréquents, vous pouvez alors suggérer d'en parler avec l'ex, non de manière critique, mais en cherchant à comprendre les vrais motifs. Si la tension entre les deux parents est si forte qu'elle interdit toute communication, on comprendra mieux que l'enfant soit perturbé. Le pédiatre ou un psychologue pourra le recevoir pour lui permettre de s'exprimer librement. Il sera utile, et nous en parlerons plus loin, que ce professionnel reçoive aussi chacun des parents et même peut-être vous, beau-père ou belle-mère. Surtout, encouragez votre compagnon à consulter, car souvent les pères ont une crainte vis-à-vis des psy qui nous empêche de jouer notre rôle d'intermédiaire positif auprès de l'enfant.

– La quatrième situation est celle où l'autre parent appelle dix fois dans le week-end : vous avez l'impression de vivre un véritable harcèlement téléphonique. Cela peut arriver parce que l'autre parent sait son enfant malheureux sans pouvoir vous le dire. Il faut alors s'efforcer d'écouter suffisamment le petit sans le culpabiliser s'il n'est pas heureux chez vous : « Maman appelle beaucoup pour te parler. C'est peut-être que tu n'es pas vraiment heureux avec nous. Dans ce cas, ne t'inquiète pas, je veux que tu sois bien. Voyons plutôt ce qui te rend triste pour essayer de t'aider. » Si l'enfant vous dit qu'il aurait en effet bien envie de rentrer chez lui, mais qu'il ne sait pas pourquoi, un entretien avec l'autre parent serait bienvenu. Et si les rapports sont trop conflictuels, le pédiatre de l'enfant ou une psychologue pourront le recevoir seul puis avec vous pour vous aider à comprendre. En aucun cas, il ne faut mettre les appels trop fréquents uniquement sur le compte d'une manipulation par l'autre parent sans avoir fait ce bilan préalable. Je vois trop d'enfants malheureux du système de visites mais convaincus que l'on ne peut rien y changer : « Le juge a décidé, papa ne comprend pas que je ne veuille pas aller chez lui. » Ou : « Je ne veux pas faire de la peine à maman en lui disant que j'aimerais aller chez papa. » Le parent dont l'accueil n'est pas apprécié préfère se dire que l'enfant est manipulé par l'autre, plutôt que remettre en question son propre comportement. Pourtant, combien d'enfants ont de réels motifs de ne pas aimer certaines obligations de week-end. Le cas le plus typique est celui de la mère qui pleure à l'abandon, ou du père qui passe toutes les journées à ressasser ses griefs contre la mère. J'ai ainsi rencontré il y a peu un blocage total lorsque j'ai demandé à un père de faire la paix avec son ex pour que sa fille prenne plaisir à passer le week-end chez lui. Il m'a rétorqué qu'il ne ferait jamais la paix « avec cette salope », et la seule réponse effective qu'il m'ait faite est une lettre recommandée pour me demander de ne plus voir l'enfant...

Ainsi, le téléphone est un véritable baromètre du malêtre de l'enfant. Si vous le surprenez à téléphoner en cachette sur votre portable, ou dans une pièce de la maison porte fermée, c'est sans doute que la « communication » autour de lui ne fonctionne pas bien : il pense vous blesser en ayant besoin de téléphoner à sa mère. Surtout ne le grondez pas, ne montrez pas d'irritation. Dites-lui simplement que c'est dommage qu'il se sente obligé de se cacher car vous approuvez totalement son besoin de téléphoner à son autre parent. Rassurez-le : en aucun cas vous n'écouteriez sa conversation car vous comprenez qu'il ait un jardin secret. Autant de paroles qui vous vaudront son estime. Or ce qu'il vous faut gagner, pour votre bonheur et pour le sien, c'est précisément son estime.

Heureusement, nous avançons vers la civilisation de la communication et ce changement va faciliter considérablement les rapports des enfants avec leurs parents, grâce au courrier électronique par exemple. Les communications coûteront moins cher, on pourra même se voir sur un écran. Ne peut-on pas déjà s'envoyer ainsi des photos ? Les téléphones mobiles permettent de se joindre à tout moment et de laisser des messages. Il sera de plus en plus difficile d'interdire à l'enfant de communiquer avec son parent. En tant que pédiatre, je ne peux que me réjouir de cette ère nouvelle où l'enfant ne sera jamais vraiment séparé d'aucun de ses deux parents.

La soirée : entre tendresse et épuisement

Après le dîner, la soirée doit se dérouler dans un climat calme et tendre. Le coucher n'est pas le bon moment pour des gronderies et des leçons de morale. Mais les enfants d'aujourd'hui ont tendance à vouloir profiter de leurs parents, de la télévision et de toute l'animation d'une maison. Dans le cas de l'enfant de l'Autre, cette réticence à aller se coucher est exacerbée, pour de nombreuses raisons.

- D'abord, le soir venu, l'angoisse de la séparation d'avec son autre parent, par exemple sa mère, le submerge d'autant plus qu'il est petit et dépendant.
- Le père qui estime qu'il voit peu son enfant a du mal à le convaincre de se coucher de bonne heure.
- Mais la raison la plus importante est certainement la difficulté qu'a l'enfant à accepter votre présence en tant que nouvelle compagne de son père, ou nouveau compagnon de sa mère. Le contentieux peut être lourd. Plus il sent que l'autre parent est seul, comme abandonné, plus il compliquera vos soirées d'amoureux.

L'enfant a déjà envie de prolonger sa soirée lorsqu'il est avec son couple de naissance. Dans une famille recomposée, il saura d'autant mieux tirer sur tous ces ressorts pour retarder le coucher. Il jouera sur la culpabilité parentale, comme le faisait Éléonore.

La maman d'Éléonore vivait avec un nouveau compagnon que la petite n'aimait pas. Elle réclamait à sa mère neuf ou dix baisers chaque soir ; il fallait installer ses animaux en peluche d'une façon précise autour de son lit ; puis elle demandait à sa maman de rester auprès d'elle tandis qu'elle se lavait les dents ; puis elle voulait lui parler d'une autre petite histoire qui était arrivée dans la journée, et ainsi de suite. Le coucher traînait jusqu'à 23 heures, tandis que le compagnon était seul devant la télévision. Il se trouve que cette union n'était pas heureuse, et la maman décida de rompre. Elle se disait aussi que, même si le besoin que la fillette avait d'elle le soir n'était pas la raison première de la rupture, elle serait beaucoup plus à l'aise psychologiquement en pouvant ainsi rester le temps nécessaire pour la coucher. Quel ne fut pas son étonnement, une fois le compagnon parti, de voir la petite Éléonore refuser les baisers : « Non, maintenant je suis grande, je n'ai pas envie que tu m'embrasses ! » Elle n'attacha plus aucune importance à la disposition des peluches et n'eut plus envie qu'on lui racontât des histoires. Dès lors que le compagnon exécré était parti, les besoins affectifs de l'enfant disparurent. Si la petite n'aimait pas le compagnon, c'était autant parce qu'il ne rendait pas sa mère heureuse que parce qu'il n'était pas agréable avec elle. Les deux sont d'ailleurs souvent liés.

C'est dire combien ce qui peut paraître de l'indiscipline révèle souvent un mal-être profond, et que nous devons essayer de bien interpréter les réactions de l'enfant

Il faut à la fois laisser s'exprimer la tendresse entre votre compagnon et son enfant, mais en même temps marquer votre territoire de couple. Sinon, l'enfant peut se sentir comme partenaire de son père ou de sa mère. L'affirmation de votre couple lui permet de comprendre où se trouve sa place par rapport aux adultes, mais cela ne peut pas s'énoncer comme une théorie. Il doit prendre sa place parce qu'il l'accepte sans souffrance.

Pour ce faire, il faut laisser le parent biologique gérer le coucher. Si vous n'avez pas établi rapidement une compréhension affective et si l'enfant ne souhaite visiblement pas que vous lui racontiez une histoire, surtout laissez-le seul avec son parent biologique. Par contre, si vous avez créé des liens avec l'enfant et si vous réussissez rapidement à le réconforter pour la nuit, n'hésitez pas à jouer ce rôle. Cette demande est le signe que l'enfant a une grande complicité avec vous. C'est le plus grand bonheur que vous puissiez lui apporter et vous apporter. S'asseoir dans son lit et lui raconter une histoire est souvent l'occasion de l'écouter, de l'entendre vous poser des questions, comme autant de cadeaux de confiance qu'il vous fait. Soyez-en touchée, écoutez-le, respectez-le.

Mais si vous voyez que, après une histoire, l'enfant en demande une autre, puis s'il réclame à nouveau son père, puis à nouveau vous, s'il en est à son quatrième bol de lait, son troisième biscuit et son deuxième pipi, il est évident qu'il cherche plutôt à occuper le terrain du couple et vous ne le rassurez pas en répondant à chacune de ses demandes. Il faudra alors que son parent biologique lui explique très franchement qu'il a besoin de repos, de tranquillité, de parler avec vous, qu'il y a l'heure des petits et l'heure des grands et qu'à partir de 21 heures, par exemple, il ne dérogera plus à cette règle. L'enfant comprendra et acceptera la limite d'autant mieux qu'il vous a acceptée comme compagne de son père (ou comme compagnon de sa mère). Donner sa place à votre couple et marquer votre territoire en exigeant d'avoir une soirée pour parler, vous embrasser, regarder une émission de télévision intéressante, lire, partager vos soucis et vos chagrins, est vital. Lorsque vous vivez une aventure heureuse et stable, vous devez en préserver l'équilibre. Il est donc important de faire intervenir le parent de l'enfant. Il doit lui expliquer qu'il a besoin de bonheur et lui imposer de rester dans sa chambre à partir de l'heure décidée. L'enfant n'est pas obligé de dormir, bien sûr, mais il ne doit plus interférer dans la vie des grands. Il peut allumer la lumière, lire, pourvu qu'il ne fasse pas de bruit, qu'il ne sorte pas de sa chambre, et qu'il gère sa soirée. Ce conseil est d'ailleurs valable pour les parents du couple de naissance.

J'ai remarqué aujourd'hui qu'aucun ne sait dire à l'enfant combien les adultes ont besoin d'être ensemble, entre grandes personnes ; comme les enfants ont souvent besoin aussi d'être tranquilles entre enfants et n'aiment pas que nous nous mêlions de leurs jeux et de leurs histoires. Une fois ces explications données et la porte fermée en toute sérénité, il vous testera peut-être en faisant du bruit, en soulignant qu'il n'est pas couché. Mais si vous ne réagissez pas, pour bien montrer qu'à partir de l'heure fixée dormir est son problème et non le vôtre, l'enfant prendra l'habitude de se coucher et de s'endormir de façon autonome. Ce sera un grand progrès pour lui dans la mesure où ce n'est pas une punition mais la protection de votre couple : au salon, il y a un homme et une femme qui s'aiment, se respectent et le respectent également. Par contre, dans un climat d'hostilité, de rivalité et d'animosité, ces conseils ne marcheront pas.

Si en revanche l'enfant proteste, continue d'intervenir dans vos soirées, il sera important d'abord de comprendre si c'est par rejet de vous-même, de votre présence. S'il cherche ainsi à faire obstacle à votre vie de couple, se faisant peut-être le porte-parole de la souffrance maternelle. S'il y a à l'évidence un manque de complicité entre lui et vous, essayez de le rattraper pendant la journée mais restez ferme sur l'heure du coucher. Si vous avez vraiment l'impression que la communication se passe mal et que l'enfant vous refuse, analysez votre comportement, reprenez les différents points évoqués jusqu'ici et n'hésitez pas à vous rendre avec lui chez son pédiatre ou chez une psychologue pour y voir clair.

La nuit, toutes les angoisses ressurgissent

La nuit, pour l'enfant de l'Autre, est l'un des moments les plus révélateurs de son bien-être.

- Si une fois l'histoire racontée, l'enfant s'endort et passe une nuit tranquille pour se réveiller joyeusement et venir vous dire bonjour, c'est qu'il est heureux chez vous. Vous lui avez aménagé une chambre confortable. C'est son domaine, et il s'y sent bien. Il perçoit la nouvelle vie de son parent avec vous de façon positive, ses émotions ne l'empêchent pas d'avoir un sommeil paisible.
- Mais le plus souvent, après une mise au lit difficile, il a des réveils nocturnes. Lorsque son père est avec une nouvelle compagne, ou à l'inverse sa mère avec un nouveau compagnon, il est difficile à l'enfant de venir dire ses cauchemars et ses angoisses : le beau-père ou la belle-mère sont le plus souvent irrités. Même s'ils se veulent compréhensifs, leurs réactions sont rarement naturelles. Alors peuvent se créer des rancœurs, un malaise qui s'accumulent de nuit en nuit.

Maud a vécu cette situation avec Émilie. Avant de vivre avec Patrick, Maud avait l'habitude de laisser la porte de la chambre ouverte, ses deux enfants dormaient bien mais savaient qu'ils pouvaient venir voir leurs parents à toute heure. Lorsqu'elle s'est installée avec Patrick, Maud a voulu continuer de dormir portes ouvertes. Mais lorsque Émilie, la fille de Patrick, dormait à la maison le week-end, elle se réveillait plusieurs fois par nuit malgré ses sept ans et venait voir son père.

Maud apprit que la petite dormait dans le lit de sa mère lorsqu'elle était chez elle, et donc la solitude de nuit ne lui était pas naturelle. Elle s'efforça de ne pas critiquer la maman. Ces habitudes étaient prises depuis longtemps et difficiles à redresser, étant donné la solitude maternelle. En même temps, Maud et Patrick souffraient dans leur intimité des incursions fréquentes de la fillette. Ils me demandèrent s'ils devaient fermer leur porte, mais cela choquait Maud.

La question de l'adéquation entre les habitudes des quasi-frères et sœurs se pose assez souvent car ils n'ont pas été élevés de la même façon. Heureusement, dans le cas de Maud, la jeune femme avait réussi à développer une relation amicale avec la mère d'Émilie et nous avons pu exprimer devant l'enfant les limites nécessaires. Elle devait savoir, et la mère aussi, combien une mère, même si elle est seule, a besoin de dormir paisiblement. J'expliquai et soulignai que, même si l'on n'a pas un papa dans son lit, on peut avoir envie lorsqu'on est un adulte de lire le soir tard, de téléphoner à sa meilleure amie, de regarder la télévision, de se lever pour boire. Là, les mères ont besoin d'autonomie. Il est important en effet que quelqu'un d'extérieur à la famille puisse expliquer à l'enfant que chacun doit être à sa place, non seulement en fonction d'une vie conjugale, mais même par respect de la vie propre de sa mère.

À la consultation suivante je reçus Émilie avec sa maman. Celle-ci m'a expliqué que, depuis notre conversation, l'enfant ne venait dans sa chambre qu'au petit matin. Toutes ces mises au point familiales affranchirent-elles la jeune femme de sa condition de mère sacrifiée ? Toujours est-il que, quelques mois plus tard, elle me présentait un nouveau compagnon. L'histoire s'annonçait bien. Émilie avait l'air heureuse que sa mère, tout comme Maud et son père, « ait un amoureux », et dès lors elle ne se réveilla plus la nuit.

C'est dire que la place de l'enfant ne se décrète pas : il faut d'abord comprendre le subtil équilibre entre les adultes, parents séparés, familles recomposées, demi-frères et sœurs, pour trouver une solution aux troubles du comportement. Souvent, les parents consultent parce que l'enfant souffre de troubles du sommeil qu'ils voudraient bien résoudre par un « petit sirop », un « traitement homéopathique »... Ou bien l'idée vient (généralement du beau-parent, il faut l'admettre, pour toutes les raisons de moindre attachement que nous avons citées plus haut) de dire : « Nous fermons notre porte, il faut que tu dormes ! » Sans aucune efficacité, heureusement... Car la bonne attitude consiste à essayer de comprendre pourquoi l'enfant a peur de rester seul la nuit, quels sont les tourments qui l'assaillent et font qu'irrésistiblement, quelles que soient vos leçons, il revient vous chercher.

Lorsque nous déroulons le fil d'Ariane, des situations parentales douloureuses ou conflictuelles se dévoilent. Lorsque les souffrances provoquées par le combat des uns contre les autres ont pu être atténuées, lorsque l'enfant se sent écouté et compris, même si l'on ne peut pas tout résoudre, un sommeil serein s'installe comme par enchantement. C'est toujours un immense plaisir pour moi de recevoir un coup de fil du parent me disant : il dort bien ! J'adresse donc là une supplique à la nouvelle compagne (au nouveau compagnon) : le sommeil de l'enfant de l'Autre ne se décrète pas, il se prépare par la sérénité de l'atmosphère familiale.

Il fait pipi au lit

L'énurésie est vécue de manière humiliante ; tout beau-parent doit y être sensibilisé car il est si facile de blesser l'enfant. Or, c'est vraiment un test pour vous, car il est généralement plus difficile de supporter l'énurésie de l'enfant de l'Autre que celle de son propre enfant. Les comparaisons peuvent être assassines : « Le mien était propre à cet âge-là ! », ou : « Les petits cousins ne mouillent plus leur lit, eux. » Cela va du reproche (« Ah, j'en ai assez de faire tous ces lavages ! ») à la morale (« Tu es grand maintenant, tu pourrais tout de même te retenir ! »). Sur ce sujet, les quasi-frères ou sœurs sont souvent impitoyables, se moquant de l'enfant devant les copains. Il faut leur dire que l'énurésie fait partie de la vie privée · « C'est un secret qu'on ne doit pas dire aux autres. » Il est fondamental de ne pas faire honte à l'enfant de l'Autre à ce sujet. Sinon, comment s'étonner qu'il n'ait pas envie de venir chez son père le week-end ?

La découverte d'un drap mouillé est chargée de connotations négatives si lourdes et dévalorisantes pour l'enfant. Et de culpabilité pour les parents car l'on a beaucoup trop tendance à mettre l'énurésie sur le compte de traumatismes psychologiques. Il faut d'abord comprendre comment survient le trouble.

- L'énurésie a en effet une origine psychologique si elle est secondaire, c'est-à-dire si elle est apparue après une période de propreté totale d'un an minimum. C'est alors le signe que l'enfant est en souffrance psychologique. L'on doit se poser des questions pour savoir comment lui apporter la sérénité. Si, ayant lu cet ouvrage, l'ayant fait lire à ses deux parents, vous ne voyez pas la faille dans le comportement des adultes ; ou bien si la situation est trop complexe et que vous n'ayez pas, vous seul, belle-mère ou beau-père, les clés pour apaiser les tensions, sachez consulter un psychologue ou un pédiatre. L'une des difficultés avec cet enfant à cheval sur deux maisons est celle d'un suivi cohérent. S'il ne vient que le samedi, vous ne pouvez pas assurer une démarche thérapeutique seul. Il faut donc qu'il consulte avec ses deux parents pour que les relais soient correctement assurés entre les week-ends, les vacances scolaires et la vie de semaine... Nous ne pouvons pas traiter les enfants à temps partiel.

- L'énurésie primaire est le cas de l'enfant qui n'a jamais été propre. Dans cette situation, de loin la plus fréquente, ce n'est pas un problème psychologique au départ qui a entraîné l'émission d'urine la nuit, mais une immaturité de la vessie. Il n'en reste pas moins que l'énurésie primaire entraîne une souffrance psychologique, surtout lorsque l'enfant doit faire face à un étranger ou une étrangère, son beau-père ou sa belle-mère, et à des quasi-frères et sœurs qui ne sont pas ses frères de naissance. Il se sent alors beaucoup plus diminué par son incontinence nocturne. Il faut, à ce moment-là, expliquer aux enfants qu'il y a des vessies qui sont mûres plus ou moins vite.

Dans les deux cas, vous devez absolument respecter son intimité et son droit au secret. Vous pouvez bien sûr vous simplifier la vie s'il y a énurésie : n'hésitez pas à mettre une alèze par-dessus le drap de dessous, recouverte d'une grosse serviette-éponge, de telle sorte que l'enfant ne soit pas trop culpabilisé du travail qu'il peut vous donner. Habituez-le à mettre son pyjama lui-même au sale, et à se doucher le matin. Mais cela doit être dit et fait sans humiliation. Le pédiatre et éventuellement le psychologue aideront l'enfant à guérir. On peut avoir recours à la tenue d'un calendrier, en sachant que cette tenue est encore compliquée par la vie dans deux maisons. Il faut donc vous donner le mot, mère et père, ou beau-père et belle-mère, pour vous assurer que l'enfant emporte son calendrier et les médicaments éventuels, de telle sorte qu'il n'y ait pas d'interruption de traitement. L'énurésie est un test des dissensions parentales. Si, par exemple, le père demande une aide thérapeutique alors que la mère ne participe pas, l'enfant n'a aucune chance de guérir et cristallise au contraire, par son énurésie, le mal-être de ses parents.

Des dimanches matin conviviaux

Il faut absolument que je vous parle des dimanches matin car c'est un moment où votre comportement peut être bénéfique ou néfaste. Il est néfaste lorsqu'en amoureux vous avez tendance à laisser l'enfant gérer son réveil, à fermer la porte et à vous octroyer une grasse matinée prolongée, éventuellement suggestive de relations sexuelles. Cela peut être extrêmement agressif pour l'enfant. Entre 3 et 12 ans, il traverse ce qu'en psychanalyse on appelle la « période de latence ». Il doit, pour se construire, refouler les interrogations sexuelles pour s'intéresser aux apprentissages sociaux, scolaires. Je vous conseille donc de vous lever tôt les week-ends où votre beau-fils, votre belle-fille est là, et de prendre un petit déjeuner en famille. Ensuite, ayez une activité avec l'enfant qui lui permettra de tisser une vraie complicité avec vous, son beau-parent. Essayez de réserver les câlins conjugaux aux week-ends et aux périodes de vacances où l'enfant n'est pas là. Lorsque vous avez l'enfant de l'Autre à demeure à 80 % voire à 100 %, ces préceptes restent valables. La meilleure façon de les respecter est d'avoir une grand-mère ou une jeune fille qui vienne le prendre pour des activités à l'extérieur, de telle sorte que votre couple puisse avoir des moments de réelle intimité. Je vous conseille aussi de prendre un week-end par mois en amoureux, hors de la maison. Mais le principe général est que les relations sexuelles dans une famille recomposée doivent être discrètes et respecter la pudeur que l'on doit aux enfants.Ne soyez pas jaloux des tête-à-tête entre l'enfant de l'Autre et son parent : pendant les week-ends, sachez même préserver des moments entre eux.

Prenons le cas de figure le plus fréquent : le père a sa fille un mercredi sur deux, un week-end sur deux et la moitié des vacances scolaires. Le week-end où l'enfant est chez vous, sachez leur laisser quelques heures ensemble, car n'oubliez pas que, quoi que vous fassiez, vous êtes étranger à leur alchimie. Vous sentirez à coup sûr le besoin d'intimité de l'enfant avec ce parent. J'entends beaucoup de discours de rivalité de la part de l'autre parent qui se traduisent par des jugements à connotation psychologique : « Il est beaucoup trop proche de sa fille, leur complexe d'Œdipe n'est pas réglé », « Ma femme est bien trop complice avec sa fille, elles ont un rapport fusionnel anormal. Évidemment elles ont été seules pendant plusieurs années et ne savent pas couper le cordon ombilical ! » Ces soi-disant leçons de psychologie sont bien souvent l'expression d'une jalousie. Il faut vous en garder, analyser vos propres sentiments, votre frustration de ne pas appartenir au clan de ces deux-là, et respecter le besoin de l'enfant d'être avec son propre parent.

Mais il est vrai que certaines situations sont caricaturales. Je pense à la petite Juliette, qui vivait chez son père avec sa nouvelle compagne. Le soir, alors que le trio regardait la télévision, Juliette, 12 ans, était vautrée sur le canapé, son père lui caressant la jambe tandis que sa compagne était seule dans un fauteuil. La jeune femme m'a demandé conseil et j'ai proposé un entretien avec le père. Il a accepté de venir en effet, et seul. J'ai pu alors lui expliquer que ma grande joie de pédiatre par rapport à Juliette était qu'il ait de l'amour pour une nouvelle femme, et qu'il en reçoive. Il était temps de faire comprendre à Juliette qu'elle était une petite fille et non la femme de son papa. Il fallait donc lui attribuer une place moins privilégiée. Ce père a bien accepté mon discours, il était prêt à l'entendre. Juliette a semblé se soumettre, elle a pu accepter d'occuper symboliquement une place plus distante de son père. Rationnellement, elle a exprimé sa joie de le savoir heureux. Puis nous avons vu arriver des tics, car l'inconscient a repris le dessus. Mais je peux dire, quelques années après ces entretiens, pour avoir depuis suivi la famille, que Juliette est maintenant une lycéenne épanouie, ayant ses petits copains et d'excellents rapports avec sa belle-mère.

La difficulté est donc de trouver le juste milieu entre les rapports trop fusionnels de votre compagnon avec son enfant, et votre sentiment d'exclusion lorsqu'ils sont en tête à tête. Il faut d'abord penser que vous risquez d'être injuste et non objective, et les laisser ensemble au moins deux fois dans le week-end, soit pour aller faire une course, soit pour partager un sport, avant d'étiqueter leur relation comme anormale.

Les activités du dimanche sont aussi l'occasion de

créer un lien très puissant entre l'enfant de l'Autre et vous. La différence est évidente entre :

- le conduire au cinéma : vous déposez l'enfant avec un camarade en ayant juste cherché le nom du film pour trouver la salle, puis vous le reprenez et le déposez à la maison où chacun vaque à ses occupations ;
- et aller au cinéma ensemble : vous choisissez et allez voir le film, vous prolongez la sortie en allant ensuite manger une crêpe, tout en confrontant les sentiments et les réactions de chacun devant le film.

Évidemment, le partage des émotions est la meilleure façon de devenir complices pour la vie ! De la même façon, lorsque vous regardez une émission de télévision qui vous intéresse, trouvez la façon d'en parler avec l'enfant pour établir une connivence entre vous. Même le journal télévisé peut être l'occasion de partager les points de vue sur les événements du monde. Regarder en famille, dès l'âge de huit ou neuf ans, des émissions de débat culturel ou politique comme des feuilletons plus simples permet de mieux se connaître et de mieux se comprendre.

N'oubliez pas d'inciter son parent à vérifier que le travail scolaire est fait. Même si l'enfant en a l'air contrarié, c'est une façon de s'intéresser à lui.

Le départ de l'enfant vers la maison de l'Autre

C'est un moment très fort. Tous les parents remarquent comme les enfants sont agités, provocateurs, étranges et insupportables au moment où ils changent de maison, et particulièrement au moment où ils arrivent dans l'autre maison. Il faut reconnaître que ces changements imposent à l'enfant de l'Autre un effort extrême. Plus l'hostilité entre les deux foyers est grande, plus l'adaptation est difficile.

Aussi, au moment du départ de l'enfant, je vous conseille de lui dire un petit mot pour son autre parent, un mot positif et gentil. Si vous pouviez donner par exemple une chemise de la semaine passée à mettre dans son sac : « Tiens, tu diras à maman que ta chemise est repassée et propre, elle peut te la mettre demain, qu'elle ne se fasse pas de souci » envoie des ondes plus positives que « Tu diras à ta mère que la prochaine fois elle pourrait te mettre des affaires propres ». Vous voyez la différence ! L'idéal, si la bonne entente régnait, ce serait même de mettre dans le sac un petit Tupperware avec une part du gâteau que vous avez mangé ce dimanche en disant : « Tiens, j'ai gardé une part du dessert pour ta maman : elle pourra le goûter et te dire si elle aussi le trouve bon. » Pour l'enfant, ces attentions ont une grande valeur symbolique. Et lorsqu'il arrive dans l'autre foyer, il est tout à fait joyeux, paisible et détendu. Les mêmes paroles aimables devraient se donner dans l'autre sens bien sûr.

Les relations entre quasi-frères et quasi-sœurs

Il faut le savoir : lorsque vous recomposez la famille avec des enfants des deux côtés, l'image idyllique (« Les enfants vont bien s'entendre ») est semée de très nombreuses embûches. Je dirais même que le fait d'avoir chacun des enfants crée plutôt une situation à haut risque. Rien n'est plus puissant pour générer une crise et pousser votre nouveau couple à la séparation que les enfants de chacun. Les rivalités, les jalousies, les souffrances des enfants et de chaque parent provoquent une véritable implosion des rapports du couple. Chacun comprend et défend son enfant, ou souffre de ne pas pouvoir protéger sa sensibilité, et les blessures accumulées aboutissent à des crises graves.

Voilà mes conseils pour déminer le terrain :

– réglez les problèmes de territoire : comme les petits oiseaux, les enfants ont avant tout besoin de délimiter leur territoire. Si vous êtes une femme, il y a 80 chances sur 100 aujourd'hui que vous ayez la garde de votre propre enfant, et donc que ce soit lui qui habite presque à plein temps chez vous. Il a donc sa chambre à part entière. Quel est alors le territoire de l'enfant de votre compagnon lorsqu'il arrive le week-end ? S'il ne peut que poser son sac dans un coin de la chambre du vôtre, s'il n'a pas de bureau, pas de placard, s'il ne retrouve pas, d'une fois à l'autre, ses objets personnels, on peut présumer qu'il n'aura pas très envie de venir chez vous. Il faut donc que vous fassiez tout votre possible pour que l'enfant de l'Autre ait sa chambre, quitte à ce que les vôtres partagent la leur. Si vous n'avez pas suffisamment d'espace, mieux vaut deux petites chambres qu'une grande. Dans le cas où vous n'avez vraiment qu'une petite pièce, vous êtes bien sûr dans une situation assez explosive. Essayez alors de donner à l'enfant du week-end son placard et un bureau soigneusement fermé qui représente son domaine, et veillez lorsqu'il vient à ce qu'il ait accès à la chambre commune sans subir d'humiliations de la part de votre enfant. Ce qui ne veut pas dire non plus à l'inverse qu'il ait tous les droits et qu'il doive mettre, peut-être par jalousie et provocation, du désordre dans les objets sacrés de votre enfant. Il est donc éminemment souhaitable que chacun ait son territoire, de sorte que lorsqu'un conflit éclate, sans même en chercher vainement l'origine et le coupable, vous puissiez tout simplement les séparer. Chercher l'objet de la dispute est vraiment le plus souvent inutile, les enfants sachant très bien manipuler leurs parents et beaux-parents pour faire croire que c'est l'autre qui a provoqué la crise. Il est impossible de savoir qui manipule qui pour se calmer. Un espace à chacun est l'idéal ;

- expliquez aux enfants les injustices dont vous pouvez faire preuve involontairement. N'hésitez pas à dire au vôtre pourquoi vous pouvez parfois être injuste le week-end lorsque l'enfant de l'Autre vient. « Tu sais, il ne voit pas souvent son père, donc ne t'étonne pas si, lorsqu'il est là, je suis parfois plus indulgente avec lui. Je dois veiller sur lui parce qu'il n'a pas sa mère lorsqu'il vient chez nous et nous nous devons de bien le recevoir. »
- N'utilisez pas l'enfant de l'Autre pour « baby-sitter ». Il arrive en effet souvent que, ayant recomposé sa famille, le papa et vous ayez eu le grand bonheur d'avoir un bébé. L'enfant de l'Autre qui vient le week-end est alors pressenti pour jouer avec le petit, et les grands me disent souvent combien il leur pèse d'être suivis partout, imités en tout. Si, par exemple, votre beau-fils a huit ans et votre petit, quatre, la différence d'âge ne doit pas vous faire croire qu'ils « jouent

ensemble ». Une lassitude peut rapidement s'installer chez le grand d'avoir toujours un petit pour le suivre et l'imiter, pendant que les parents font la sieste. Une telle configuration est détestable. Vous devez vous occuper de votre petit, avec ses jeux propres, et du grand en lui proposant des activités de grand ; même si, heureusement, une sortie au square et des promenades à vélo peuvent amuser les deux ;

– Attention aux rivalités d'autorité. Les aînés sont souvent très durs avec les cadets ; ils se montrent plus autoritaires que ne le sont les parents. Autant vous devez empêcher que le petit soit toujours pendu aux basques du grand, autant vous devez veiller aussi à ce que le grand ne se serve pas du petit comme exécutant des basses œuvres : « Va me chercher un Coca-Cola... Tu ne peux pas regarder cette cassette parce que moi je regarde mon film... », etc.
– Mais, le plus douloureux pour les enfants, ce sont les comparaisons (nous en avons déjà parlé)... Si votre compagnon réalise que son fils est en retard à l'école, apprend plus difficilement que le vôtre, son amour-propre peut s'en trouver blessé et des réflexions négatives risquent de fuser contre votre propre enfant. Il faut être conscient de ces rivalités, et en parler très franchement avec son parent. J'espère que vous pourrez lui mettre cet ouvrage entre les mains, notamment les paragraphes qui concernent les réflexions blessantes faites à l'enfant de l'Autre qui sont absolument inadmissibles.

J'insiste sur le fait que lorsque deux quasi-frères ou sœurs ont des âges voisins et des résultats scolaires très différents, le parent de l'enfant moins doué aura souvent tendance à humilier celui qui a des facilités, pour restaurer son propre ego de parent. Cette tendance est déstructurante pour l'enfant qui réussit et n'apporte absolument rien à celui qui est en difficulté. Il faut donc être conscient de ce comportement, et s'en garder. Le respect que nous devons à l'enfant de l'Autre doit se manifester par notre admiration pour ses succès. Si vous l'aidez à faire ses devoirs, et si cela se passe mieux qu'avec le vôtre, n'humiliez pas non plus ce dernier (le parent blessé a souvent tendance à une attitude en pendule : tantôt il vexe le plus brillant, pour oublier les échecs du sien ; tantôt il traite le sien de nul, par découragement). Il ne faut donc jamais humilier l'un ou l'autre enfant par rapport à ses résultats scolaires. Cela paraît évident, mais au quotidien les phrases blessantes sont monnaie courante.

Lorsque les enfants ont des résultats scolaires très différents, il faut aller dans plusieurs directions : premièrement, continuer de valoriser celui qui réussit ; deuxièmement, regarder pourquoi l'autre réussit moins bien :

- soit c'est l'organisation de son soutien scolaire qui est défaillante, il faudra alors que vous en parliez avec votre compagnon, et si possible l'autre parent ;
- soit il a des difficultés spécifiques : une dyslexie, une hyperactivité, des troubles de concentration, et il faudra pour le déterminer que les parents aient un entretien avec les enseignants, qui les dirigera éventuellement sur une consultation du pédiatre et un soutien spécifique. Si ces stratégies échouent, il faut savoir, comme disait Françoise Dolto, qu'« un enfant est toujours

intelligent en quelque chose ». C'est alors en proposant des activités annexes à l'école que vous lui permettrez de révéler ses potentialités : sport, culture artistique, travail sur ordinateur, autant d'occasions pour l'enfant d'exprimer sa propre personnalité.

Mais, je le répète, un enfant en difficulté mérite compréhension et pour faire des progrès, inutile de rabaisser le plus brillant. Ces rivalités s'observent facilement dans n'importe quelle famille, mais elles sont considérablement exacerbées entre quasi-frères et quasi-sœurs.

Avec toutes ces précautions, je dois dire que je rencontre des familles recomposées où les nouvelles fratries sont si réussies et si puissantes que même si le nouveau couple vient à se séparer, quasi-frères et quasi-sœurs restent liés pour la vie par des rapports affectueux profonds et continuent de se fréquenter en s'appelant « mon frère », « ma sœur », une fois étudiants ; alors qu'il n'ont pas un globule rouge en commun ! C'est la preuve que ces enfants ont pu créer des liens dépassant l'amour réciproque entre leurs parents ; ce sentiment indéfectible de fraternité ne survient que lorsqu'un profond respect a été témoigné à chacun des enfants.

Les vacances avec l'enfant de l'Autre

Le choix du mois de vacances est déjà à l'origine de nombreuses querelles. Il se peut par exemple que les deux parents soient libres au mois d'août, et qu'il soit difficile pour l'un ou l'autre de trouver une autre période de disponibilité pour l'enfant. Si on arrive à une bonne entente entre parents, il est possible d'alterner l'intérêt de l'un et de l'autre chaque année. Mais lorsque les périodes de vacances sont utilisées pour attiser les conflits, c'est là que vous devez, vous, nouvelle compagne ou nouveau compagnon, aider l'enfant de l'Autre en essayant de trouver des arrangements.

En vacances, l'atmosphère peut être compliquée par le fait que vous voudriez bien vous sentir seule pendant cette période avec votre compagnon, en amoureux, et la présence constante de l'enfant de sa première vie peut être lourde et gêner votre intimité. À l'inverse, l'enfant de l'Autre a lui aussi envie d'être seul avec son parent, surtout s'il sent une hostilité de votre part, s'il sent même tout simplement qu'il vous gêne, et les rapports seront encore plus difficiles.

Une fois que vous avez bien analysé ces penchants spontanés, vous allez pouvoir y remédier en évitant d'imaginer les vacances comme si vous étiez la famille de naissance, le couple d'origine de l'enfant, l'image d'Épinal papa-maman-l'enfant, tout le monde est heureux. Non, la famille recomposée n'est pas une famille génétiquement unie, et vous devez organiser vos vacances en tenant compte du fait que vous êtes des pièces rapportées. Autant dire que pendant la journée, si tout le monde va à la plage, vous ne serez pas étonnée que papa ait envie de faire un peu de dérive avec son fils en vous laissant lire seule. Mais demandez ensuite à prendre un verre en couple, tranquille à la terrasse du café. C'est dire l'importance, si l'enfant est jeune, d'avoir quelques heures de garde d'enfant même en vacances. Bien souvent, les mères – et les belles-mères – rentrent épuisées des vacances parce qu'elles ont moins bien organisé leur aide domestique que dans la vie de tous les jours. Si vous voulez que les vacances soient une vraie détente pour tout le monde, dès lors qu'il y a un enfant, une aide, ne serait-ce que quelques heures par jour, est fondamentale. Il faut aussi que vous puissiez sortir le soir en tête à tête avec votre compagnon.

Réservez donc des moments à deux à votre compagnon et son enfant, à votre compagnon et vous, et n'imaginez pas toujours une famille groupée. Cela est tout aussi valable s'il y a des quasi-frères et quasi-sœurs, des enfants des deux côtés. Il faut que chaque parent ait des plages d'intimité avec ses propres enfants, en même temps qu'il y en aura pour les enfants ensemble sans les parents, et pour les parents seuls. Savoir jouer ainsi d'un fonctionnement de famille en étoile est profitable et laissera des bons souvenirs à chacun. Idéaliser une troupe toujours assemblée où tout le monde trouve son compte est une utopie dans le cas d'une famille recomposée.

En vacances, vous devez aussi penser à la nostalgic que l'enfant peut avoir de son autre parent. Je ne reviendrai pas ici sur le téléphone, nous en avons déjà parlé, mais l'idée d'envoyer une carte postale, de chercher un petit cadeau pour maman, permet à l'enfant non seulement de penser positivement à son autre parent, mais surtout de s'y sentir autorisé lorsqu'il est avec vous Cette autorisation de l'image mentale de l'autre parent est, comme je l'ai souvent dit précédemment, le facteur le plus positif pour que se construise affectivement l'enfant de l'Autre.

Les vacances avec vous ne sont pas faites pour redresser son éducation. Attention encore aux phrases assassines : « Sa mère ne lui a même pas appris à nager », « Tu vas voir, moi je vais te faire aimer l'eau », si souvent entendues lorsque l'on veut forcer l'enfant de l'Autre à plonger alors que celui-ci a peur de l'eau. Vous devez surtout éviter ce rôle absolument.

Aurez-vous à lui faire faire des devoirs de vacances ?

Je dirai que tout dépend de votre patience, de votre relation à sa scolarité, et du désir de son autre parent.

- S'il passe le reste de ses vacances avec une mère elle-même attentive à la scolarité, ou chez des grands-parents – nous en reparlerons plus loin – qui savent lui lire ses petites dictées tous les jours, évitez de jouer ce rôle et profitez plutôt des vacances pour lui faire découvrir la nature, le sport, un autre rapport avec son environnement.
- Par contre, si vous savez qu'il est en grande difficulté scolaire et que sa scolarité n'intéresse pas vraiment les personnes qui s'occuperont de lui pendant le reste des vacances ; si vous savez que sa mère apprécierait votre participation pour le soutien scolaire ; et surtout si vous sentez que l'enfant est content de partager avec vous la découverte de ses devoirs, alors je vous admire d'y consacrer du temps. C'est une tâche humble, peu valorisante que celle des devoirs que l'on fait faire aux enfants, mais c'est un don de soi et une marque d'affection. J'espère que votre compagnon, père de cet enfant, saura l'apprécier et qu'on n'entendra pas ce genre de phrase assassine, qui m'a été rapportée par l'une de mes patientes : « Ce ne sont pas des vacances, tu as vraiment l'air d'une institutrice. » Cette réflexion témoigne d'une jalousie du père, qui réclame sa part de vie amoureuse contre le bien-être de son propre enfant. Bien sûr, si vraiment toutes les vacances et toutes les journées se passent des heures durant en devoirs scolaires, on peut comprendre, et vous devez réfléchir à la place de votre couple par rapport à l'enfant. Mais

si vous consacrez à ces devoirs la demi-heure, au maximum l'heure, normalement envisageable, il n'y a aucune raison d'accepter des réflexions aussi négatives, alors que vous donnez votre temps à un enfant qui n'est pas sorti de votre ventre et qui ne porte pas votre destin. Je trouve beaucoup de belles-mères tout à fait admirables de se consacrer à cultiver l'enfant de l'Autre.

- Je conseille d'ailleurs aux pères d'en être solidaires et même de s'atteler eux-mêmes, s'ils sont patients et positifs. Parce qu'en même temps vous ne devez pas accepter une démission de l'autre parent, que vous soyez belle-mère (ou beau-père, car bien sûr, c'est parfois lui qui prend le plus de tâches à sa charge). Vous n'êtes qu'un appoint.

Autant dire qu'en vacances l'enfant de l'Autre doit découvrir ce que votre personnalité peut lui apporter. Peut-être, par exemple, êtes-vous une femme coquette qui donnera à la petite fille le goût de s'habiller, le goût de prendre des bains parfumés, celui des bijoux ? Peut-être êtes-vous une artiste peintre qui fera entrer son beau-fils dans son atelier et lui révélera l'art de la peinture ? Peut-être êtes-vous mélomane et n'aura-t-il que chez vous l'occasion d'entendre de la musique classique ? Peut-être êtes-vous botaniste, et lui apprendrez-vous à faire un herbier ? Ou bien passionnée de puzzle, installerez-vous pour les vacances une grande table permettant chaque jour de trouver de nouvelles pièces ?

– Des jeux collectifs entre quasi-frères ou quasi-sœurs ou avec les cousins, avec les grandes personnes, sont la meilleure façon d'établir des liens. Parties de volley sur la plage ou jeu de

Monopoly le soir sont d'excellentes occasions de mieux se connaître. Je ne saurais trop vous inviter, adultes, à partager les jeux des enfants car vous permettrez d'atténuer les rivalités, les tricheries, le refus de perdre. Ces jeux de société au sein de la famille élargie laissent des souvenirs toute la vie.

– En vacances, ne soyez pas le souffre-douleur de l'enfant de l'Autre. Comme je vous l'ai dit, le terrain est miné, l'enfant arrive avec ses blessures, et plus il aura de contentieux envers vous, plus il vous fera souffrir en retour. Ce contentieux, nous l'avons vu, ce peut être avant tout la souffrance de sa mère laissée seule en ce mois d'août, car elle n'a pas retrouvé elle-même un équilibre affectif ; et cette solitude dans laquelle il l'a laissée, sa tristesse de le voir partir vers le nouvel amour de son père, il essaiera probablement de vous les faire payer. Ce contentieux, ce peut être aussi qu'il ne ressent pas chez vous de signes de respect. Alors l'enfant peut vous provoquer, aussi bien par son attitude à table que par le désordre de la chambre, son retard à se préparer pour chaque sortie, l'absence d'aide au moment de débarrasser le couvert, de porter les courses, les disputes entre quasi-frères et quasi-sœurs. L'enfant peut mettre toute son énergie à devenir un véritable trouble-fête.

Si vous réagissez en disant qu'il est très mal élevé, il y a fort à parier qu'il en rajoutera dans la provocation. Si, au contraire, vous allez à la source du mal, si vous lui parlez de sa mère, si vous partagez sa tristesse de l'avoir laissée seule, si vous espérez avec lui qu'elle va redevenir plus heureuse, si vous parlez de son éventuel métier, si vous cherchez un petit cadeau pour elle, si vous lui ménagez des moments de tête-à-tête avec son père, si vous lui témoignez de nombreux signes de respect, alors l'enfant cessera ses provocations. Évitez donc les cours de morale et les réprimandes, et surtout les réflexions désagréables par l'intermédiaire de votre compagnon. « Tu ne pourrais pas dire à ton fils que... », « Tu ne pourrais pas dire à ta fille que... » Non, votre compagnon ne peut pas dire à sa fille que..., à son fils que... il le voit rarement, il n'a pas envie de le blesser. À vous de parler gentiment avec l'enfant, hors de son parent, pour lui expliquer vos difficultés. Mieux vaut des conversations en tête à tête que d'essayer de régler la plupart des problèmes par l'intermédiaire du parent.

Les albums de vacances sont extrêmement révélateurs de vos rapports. Ressortez-les et vous pourrez constater que les photos sont un véritable miroir de notre âme, de nos relations affectives. Si vous avez réellement adopté l'enfant de l'Autre, nous le verrons apparaître en gros plan sur de nombreuses pages, le visage joyeux, dans des positions craquantes, nous sentirons votre amour. Si vous ne l'aimez pas, il sera rarement en gros plan et son visage sera souvent triste. Élémentaire, non ? Mais je dirais que le plus grand signe de votre amour, c'est lorsque vous prenez spontanément des photos de l'enfant avec son parent. Vous pouvez vous sentir exclue de cette tendresse et ne pas aimer ces merveilleux instants de complicité ; ou au contraire, c'est vous qui avez pris les plus belles photos avec les plus belles expressions d'amour entre un père et son fils, alors vous êtes vraiment une belle-mère formidable !

Vos rapports avec ses amis

On invite plus souvent des camarades dans les familles recomposées. En effet, nous avons vu la difficulté des rapports entre le père, l'enfant, le père et sa nouvelle compagne. La présence d'un camarade paraît bien commode : ainsi il aura ses moments de jeu pendant lesquels vous avez une chance d'avoir une vie de couple sans vous sentir culpabilisée par l'ennui et l'exclusion de l'enfant de l'Autre. Il est vrai que c'est une forme de respect de l'enfant que d'accepter une personne surnuméraire dans la famille. S'il arrive que vous invitiez un ami de votre propre enfant sans prévoir d'amis pour l'enfant de l'Autre, le pauvre risque de se sentir totalement exclu. C'est à éviter absolument. Si vous invitez un ami pour votre propre enfant, mieux vaut en inviter un pour l'enfant de l'Autre, surtout s'ils sont dans des tranches d'âge voisines.

Mais il est vrai que toute cette troupe d'enfants est pesante non seulement au plan matériel, mais aussi au plan affectif. Je conseillerai d'inviter un ami pendant le quart des vacances, au maximum la moitié. Mais s'il y a toujours des copains pour faire écran entre l'enfant de l'Autre et les adultes, la complicité risque de s'en trouver très atténuée. J'ai vu des familles ravies de vacances vécues ainsi avec une petite horde d'enfants, tout le monde ayant bien ri et s'étant bien amusé, mais au fil du temps et des années les enfants prennent l'habitude de vivre en bande, ils n'ont plus vos valeurs et à la fin de l'adolescence vous vous retrouvez avec des étrangers. Méfions-nous donc de l'écran, si commode aussi pour l'enfant, que représente la présence d'un camarade. Quand un copain est à table, vous n'aurez pas la même liberté de parole, vous n'aurez pas les mêmes conversations. Lorsque les enfants partent à la plage, vous n'aurez pas le plaisir de ces moments d'intimité, des discussions sur les serviettes où vous pouvez vous confier à votre belle-fille. L'enfant de l'Autre se servira de son ami comme écran contre vos propos parfois moralisateurs, vos préceptes de bonne éducation, les séances de travail scolaire. S'il est bon que la présence d'un compagnon puisse distraire l'enfant, il est donc aussi important d'avoir des périodes de vraies vacances avec lui, sans compagnon écran. Le culte de l'amitié que nous avons aujourd'hui est à double tranchant et peut nous réserver la mauvaise surprise de découvrir un sauvageon à l'adolescence, qui fume des joints en cachette et sort sans que vous n'ayez plus aucune prise sur lui. Donc, des temps de vacances avec des amis, oui ; une vie permanente en bande, en marge des adultes, non. Et cela est valable pour votre enfant comme pour l'enfant de l'Autre, mais évidemment le risque est plus grand de se servir d'un camarade pour ne pas avoir des moments de confrontation affective lorsque l'enfant est une pièce rapportée.

Les grands-parents

Les grands-parents occupent une place aujourd'hui considérable, en particulier pendant les vacances, d'autant plus si vous êtes une famille recomposée. Il y a beaucoup de grands-parents autour de l'enfant de l'Autre

- Ses grands-parents paternels : c'est souvent chez eux que vous, belle-mère, irez passer une partie des vacances avec votre compagnon. Ils ont parfois représenté un refuge pour l'enfant lors de la

> séparation des parents. J'en vois venir, de ces adorables mamies, avec leur petit-fils qu'elles hébergent pour les vacances depuis que « la mère est partie », comme elles me disent, si tristes.

Mais, du fait de ces souffrances, il faut décoder le comportement des grands-parents paternels. Si c'est la mère de l'enfant qui a pris la décision de partir, il y a de fortes chances que les parents du père aient une blessure d'amour-propre et une rancœur contre elle. Ne vous étonnez donc pas si vous entendez des critiques à son encontre et ne les prenez pas pour argent comptant. L'enfant de l'Autre appréciera dans le fond de son cœur de ne pas vous sentir solidaire des rancœurs des grands-parents. Les grands-parents ont beau dire qu'ils sont neutres et qu'ils ne disent jamais du mal de l'Autre, il y a des réflexions négatives du genre : « Mais chez ta mère, tu ne te laves jamais la tête ? » ou : « C'est tout ce qu'elle t'a mis comme linge pour les vacances, maman ? » Ces apostrophes ne doivent pas rencontrer d'écho chez vous, et vous devez vous tenir à l'écart du jugement des grands-parents car rien ne fait plus souffrir l'enfant que d'entendre ces allusions aux défaillances imaginées de l'autre parent. Vous êtes donc dans un rôle difficile, vous, jeune belle-mère, vous devez à la fois avoir des rapports chaleureux avec les grands-parents, mais en même temps ne pas être la courroie de transmission de leur rancœur. Il est simple de prendre l'enfant de l'Autre à part si de telles rancœurs se déversent et si vous sentez sa souffrance pour lui dire : « Tu sais, tes grands-parents parlent ainsi parce qu'ils sont en colère ; mais moi je sais que maman a forcément eu ses raisons, chacun a ses raisons au fond de son cœur dans ce qui lui arrive. » L'enfant de l'Autre vous saura gré et sera dès lors beaucoup moins atteint par les propos des grands-parents. Vous lui aurez donné des filtres, qui le protégeront et lui permettront d'aimer chaque personne sans souffrir de leur hostilité réciproque. En même temps, heureusement, les grands-parents d'aujourd'hui essaient de lutter contre cette agressivité, et d'être positifs. Ils sont tellement précieux et souvent admirables !

– Les grands-parents maternels. En voilà aussi qui jouent souvent un rôle majeur auprès du petit. C'est dire comme ils sont une pièce importante du puzzle. Vous vous garderez d'écouter les gens, qui vous diront que ce sont les grands-parents qui ont fait exploser le couple. Peut-être, cela arrive, mais en tant que beau-parent de cet enfant, vous devez essayer de ne pas juger ses grands-parents, seules pièces génétiquement stables de son univers.

Si vous êtes attentive à son bien-être, vous veillerez à établir une communication qui permettra que le transfert entre les vacances chez vous et les vacances chez mamie se passe harmonieusement. Vous appellerez par exemple les grands-parents non seulement pour dire l'heure à laquelle ils devront prendre l'enfant à la gare, mais aussi pour leur raconter comment se sont passées ses vacances, s'il aime plus ou moins un sport, s'il vient ou pas avec un camarade, si vous avez un peu de linge à confier à la grand-mère. Une conversation affectueuse dont l'enfant entendra l'écho lui montrera que la famille n'est pas entièrement disloquée. Et vous pouvez espérer réciproquement que lorsque l'enfant arrivera chez ses grands-parents il entendra des paroles bienveillantes à votre sujet : « J'ai l'impression que tu t'es bien amusé chez Nicole ! » Votre prénom est connu, il pourra être prononcé par des personnes que vous avez respectées au téléphone et auxquelles vous avez parlé humainement, sans message négatif envers leur fille, l'Autre. Vous pouvez même évoquer le nom de la maman dans la conversation téléphonique. Les grands-parents se sentiront reconnus en tant que parents de la mère. Et votre propre place sera ensuite naturellement faite dans leur conversation. Il est terrible pour un enfant de voir que le nom de sa mère n'est jamais prononcé chez son père, que le nom de son père n'est jamais prononcé chez sa mère, que le nom de sa belle-mère n'est jamais prononcé par ses grands-parents... Ces silences brutaux lorsqu'on change de milieu représentent un véritable traumatisme. « Comment s'appelle-t-elle, déjà, la petite amie de ton père ? » pourrait être une parole redoutable.

L'autorité ne se décrète pas

Pendant tous ces week-ends, ces mercredis, ces vacances et peut-être même vivant avec l'enfant de l'Autre sous votre toit en quasi-permanence, devez-vous essayer d'avoir une autorité sur lui ? Je réponds : non, non et non. Vous devez même vous interdire de vouloir avoir de l'autorité sur un enfant dont vous n'avez pas partagé le temps du berceau, car l'autorité ne se décrète pas. Elle se vit. Et même si la littérature enfantine est pleine de marâtres, je dois dire qu'au quotidien de ma vie de pédiatre je trouve aujourd'hui les belles-mères plus ouvertes, attentives, tolérantes et respectueuses de l'enfant, même si elles sont loin d'être parfaites, que les beaux-pères. Vous, beau-père, avez plus tendance à vous croire investi d'une mission d'autorité, comme si vous deviez remplacer le père naturel, et aider la maman à « couper le cordon ombilical ». Mais redoutable est l'autorité sans la tolérance inhérente à la paternité biologique. Nous avons vu combien l'aphorisme « C'est pour ton bien » peut servir de prétexte. Car vous n'êtes pas conscient, quelles que soient vos bonnes intentions, de vos souffrances latentes ; et souvent, sous le couvert d'une autorité éducatrice, vous risquez de laisser transpercer votre agacement envers cet enfant qui vous prend une partie de votre compagne, et rappelle sa première histoire. Heureusement, de plus en plus d'hommes parviennent à comprendre les enfants, et j'ai rencontré des « beaux-pères bien-aimés » :

Le beau-père de Maxime a une douceur, une gentillesse, une bienveillance extrêmes envers cet enfant de dix ans ; et Maxime lui reconnaît une autorité pleine et entière, plus qu'à son père. Par contre, il renâcle à aller dans la maison paternelle, car sa belle-mère a des velléités éducatrices et autoritaires insupportables à l'enfant. Alors que, lorsqu'il est chez sa mère, le beau-père témoigne d'un respect profond de la personnalité de Maxime, de ses besoins de confidence avec la maman et n'en exprime que compréhension et tendresse. Il le passionne en lui parlant de son métier (c'est un ingénieur), en lui racontant des histoires, en l'aidant dans ses mathématiques, et Maxime ne voudrait pour rien au monde désobéir à son beau-père. « C'est un savant, c'est Pasteur ! » me dit fièrement l'enfant en me présentant son beau-père.

Ainsi l'autorité se gagne par le respect, par l'attention bienveillante ; elle ne se décrète pas, surtout avec l'enfant de l'Autre.

C'est un adolescent

Les rapports sont évidemment encore plus complexes lorsque l'enfant de l'Autre atteint l'adolescence. Tous les enfants entrent dans un registre de provocation et de mal-être lorsqu'ils deviennent adolescents. Mais pour l'enfant de l'Autre, la métamorphose est encore plus terrible. À qui s'identifier ? Il a pour mère une femme peut-être malheureuse parce que son père vit un nouvel amour avec vous ; il a peut-être un père en apparence futile, aux relations multiples, ou au contraire éploré parce qu'abandonné par la mère. Il connaît donc des problèmes d'identification avec des parents dont la propre vie a été douloureuse, et ses tendances à la provocation et à l'opposition en sont démultipliées. Et vous risquez, vous, le beau-parent, d'en être le souffre-douleur. Vous aurez du mal à comprendre pourquoi le parent est aussi tolérant.

Statistiquement, nos adolescents manquent d'une heure de sommeil par nuit car ils ont tendance à se coucher de plus en plus tard, laissant pour le soir le travail scolaire, regardant la télévision, jouant avec leur ordinateur. Le matin, évidemment, le réveil est difficile. Le beau-parent a encore plus de difficulté que le parent biologique à accepter d'aller trois fois réveiller l'adolescent, de le voir partir en retard sans avoir fait une toilette correcte et de se lever le week-end à une heure de l'après-midi. C'est déjà assez difficile à vivre pour les parents, mais ils ont une tolérance venue du fond des âges. Alors que vous, qui découvrez un grand, aurez beaucoup plus de mal à supporter. Je vous conseille de ne pas garder pour vous votre impression négative et de vous confier à votre compagnon ; même si les explications en sont multiples, l'on ne peut pas dire qu'il soit bénéfique pour les jeunes aujourd'hui de vivre ainsi décalés. Si votre influence permet que l'adolescent participe plus à votre vie familiale, cela permettra de lui donner une horloge compatible avec la culture, le sport et toutes activités plus bénéfiques que ces soirées prolongées. En principe, pour faire lever l'adolescent de bonne heure, il faut non pas faire des cours de morale ou essayer la sévérité, mais lui organiser, dès son arrivée chez vous, des dimanches attractifs. Donc n'hésitez pas, s'il aime un sport, à organiser ses dimanches matin en conséquence ; n'hésitez pas à proposer des sorties communes qui ne le rebuteront pas. Ne le laissez pas, comme je l'ai déjà dit, vivre en permanence en bande, sous prétexte qu'il est heureux d'avoir des copains. Un peu oui, tout le temps non.

Il cst donc important de répondre à l'adolescent en établissant des règles précises : le réveil est l'un des motifs les plus importants d'agacement entre « l'ado de l'Autre », et vous. Entendez par là que, tandis que la maisonnée s'active, lui est encore dans son lit à midi, se lève pour prendre un petit déjeuner alors que tout le monde passe à table, ne veut pas manger avec vous parce que ça n'est pas son heure, ni dîner avec vous parce que c'est le moment de sortir avec des copains, ou parce qu'elle (il) fait un régime. Dans tous les cas la complicité est difficile à établir. Si vous voulez insister pour que « l'ado » de l'Autre vienne à table, vous aurez souvent le droit aux yeux levés au ciel, et au mutisme. L'adolescent est parfaitement conscient du stress que son comportement vous fait subir mais il n'en a cure. Il est dans sa propre problématique, cela est tout à fait naturel. C'est à vous d'établir des règles, en en convenant avec votre compagnon, mais surtout en ayant une conversation particulière avec l'adolescent. Vous devez savoir mettre des limites, exprimer votre malaise lorsque ces limites sont dépassées.

Vos rapports avec l'adolescent sont d'autant plus affaiblis qu'il entre dans une période où revendiquer une liberté relative du choix de sa résidence lui devient possible. Aussi chaque parent est-il à la fois agacé par les provocations, mais inquiet des réactions de l'enfant : s'il demandait à rester en permanence chez l'Autre cela pourrait être pris pour une perte d'amour vis-à-vis de votre partenaire. Vous voilà donc souvent à ravaler vos agacements et vos rancœurs, pour éviter une césure irréparable. Mais ce genre d'abnégation n'est pas fructueux, car la crise explosera d'autant plus violemment que les nuages se seront longtemps accumulés. Aussi je vous conseille d'être franc (ou franche) dès le début, mais plutôt dans votre relation avec l'enfant lui-même qu'avec son parent, qui n'est pas généralement dans le rationnel.

Vous pouvez expliquer à l'adolescent les règles de vie que vous désirez établir, avoir une conversation franche sur son devenir, son bien-être, le meilleur endroit de résidence pour lui, de telle sorte que vous soyez un vrai partenaire, pas un beau-parent que l'on berne et persécute. Je voudrais d'ailleurs aider les parents de naissance de l'enfant : les peurs qu'ils ont aujourd'hui pour leur adolescent, peur qu'il ne travaille pas, peur qu'il ne fasse des bêtises, peur d'une rupture, peur d'un départ, risquent de les rendre beaucoup trop vulnérables. Il est important de savoir que crise et adolescence riment, et que vous ne serez pas rejeté pour toute la vie parce que votre adolescent décidera d'aller vivre chez l'Autre, éventuellement même de ne plus venir en vacances ou en week-end ; si vous lui expliquez qu'il peut choisir son lieu de résidence, c'est sa liberté, c'est son droit, et que vous, parent de naissance, vous vous devez de respecter ses choix, il aura alors beaucoup moins de prise sur vous pour vous tester par un comportement maximaliste ; et vous lui aurez rendu un grand service.

Bien sûr, encore faut-il en contrepartie que l'adolescent trouve de l'écoute auprès de vous, son beau-parent, pour ses problèmes affectifs, esthétiques, ses difficultés de rapports amicaux, ses difficultés scolaires éventuelles. S'il se sent respecté, écouté et aidé, il n'y a pas de raison pour qu'il n'ait pas envie de continuer de venir vous voir. Vos manifestations d'affection n'empêchent absolument pas d'en attendre le respect ; car bien sûr, si je m'évertue, dès le début, à vous parler de respect de l'enfant de l'Autre, ce respect doit être réciproque.

Je pense en particulier à la grande Lisa. À l'âge de 13 ans, alors que son père avait une nouvelle compagne, Lisa avait laissé plein de traces de sang dans la salle de bains. Ainsi, chacun avait pu constater qu'elle avait ses règles. Bien sûr, l'adolescente avait besoin de marquer son territoire, d'exister par rapport à sa belle-mère, de signaler sa condition féminine à son père. Mais ce n'est pas parce que vous le comprenez que vous devez accepter un tel comportement. La belle-mère a très bien réagi : elle a appelé la mère pour lui demander si Lisa faisait la même chose chez elle lorsqu'elle avait ses règles. La mère s'était étonnée : la jeune fille ne s'était jamais comportée ainsi, Lisa savait très bien se protéger et respecter la salle de bains. Lorsque Lisa entendit les deux femmes se parler, l'épisode ne se renouvela pas.

C'est également au moment de l'adolescence que le problème des amis est le plus important. J'ai déjà évoqué combien il pouvait être néfaste de laisser les enfants vivre « en bande ». C'est particulièrement vrai pour les adolescents. Avouons-le, les copains vous aident à vivre avec le jeune, d'autant plus que c'est l'enfant de l'Autre : le tête-à-tête à chaque repas avec ce grand qui vous juge, vous critique, vous répond, est allégé par la présence des camarades, leurs va-et-vient. Les jeunes sortent, ils vivent leur vie, vous avez l'impression alors que le climat est joyeux ; mais vous risquez de perdre toute complicité éducative. Les enfants d'aujourd'hui avec leur kyrielle de copains et copines finissent par ne plus comprendre nos propres valeurs et ne plus appartenir à leur famille.

L'adolescent est un être de paradoxe. Il veut être autonome et en même temps il est totalement dépendant. Il se veut individualiste mais il est fasciné par le groupe de ses amis. Lorsqu'il parle, son ton est péremptoire, alors qu'il est rongé par les doutes. Autant dire que les occasions ne manquent pas de le confronter à ses contradictions. En tant que beau-père ou belle-mère vous ne devez pas prendre plaisir à souligner le caractère incohérent de ses affirmations ou de ses révoltes. Il faut à la fois ne pas abuser de votre autorité ; et, dans le même temps, ne pas chercher à être une belle-mère ou un beau-père totalement complice car alors vous serez vite débordé par la situation. Ne soyez pas indiscret quant à sa vie amoureuse, ce qui est valable pour les parents l'est encore plus pour vous qui ne l'êtes pas. Il faut simplement être attentif aux dangers majeurs qui guettent l'adolescent. Sur lui rôdent trois types de menace :

- la menace anxieuse, l'anxiété pouvant submerger toutes les capacités ;
- la menace dépressive (le taux de suicide de nos adolescents s'accroît). Il faut donc reconnaître les signes de dépression : un jeune qui pleure souvent, qui est toujours enfermé dans sa

chambre, ou qui n'a plus le désir d'aller à l'école ni de voir ses camarades, est en danger ;

– La troisième menace est la menace addictive, c'est-à-dire l'usage de drogues, de tabac, d'alcool, de médicaments (somnifères, anxiolytiques, psychostimulants). Il faut savoir que les parents sont souvent les derniers avertis de l'usage de cannabis, les adolescents savent en cacher la pratique. Votre belle-fille ou beau-fils recherche la solitude, s'enferme dans sa chambre le soir, ne se lève pas le matin ? Il est important de vous alarmer et de vérifier son bien-être psychologique. Non que vous deviez, en tant que beau-père ou belle-mère, jouer les inquisiteurs. Mais si vous avez des inquiétudes que votre partenaire n'admet pas, vous pourrez avoir une conversation avec d'autres membres de la famille plus objectifs. C'est là où l'idée d'avoir gardé des liens avec l'autre parent, avec les grands-parents peut être utile... Mais l'adolescent ne doit pas se sentir non plus épié ni trahi par vous. Il faudra bien choisir le moment pour dire votre inquiétude et votre sentiment à votre compagnon, son parent, qui devra à ce moment-là prendre les mesures nécessaires en se faisant aider d'un médecin ou d'un psychologue.

S'il est encore bébé ou déjà adulte ?

Il arrive que vous connaissiez une situation plus dégradée. L'enfant du premier lit est encore un petit bébé ; ou, à l'opposé, déjà un adulte. Il semble alors au commun des mortels que la situation est plus simple. Avec un bébé, l'attachement se nouera facilement entre lui et vous ; et avec un adulte, il n'y a plus autant de conflits éducatifs, d'autant plus que la cohabitation ne se pose pas. Trente ans d'expérience m'ont montré qu'il en va tout autrement. Dans ces âges extrêmes, les pièges sont plus cachés encore : le bébé comme l'adulte ont des souffrances particulières.

Votre nouvel amour est parent d'un bébé

Il arrive que le couple parental de ce bébé se soit rompu quelques mois après la naissance, voire lors de celle-ci, et parfois pendant la grossesse. Voici alors les secrets que vous ne devez pas ignorer.

Votre compagnon vous expliquera souvent qu'il n'avait pas désiré cet enfant. Lorsqu'on me présente ainsi un bébé « non désiré », je dois remettre en place les affects de chacun, car aujourd'hui lorsque les parents ont un niveau éducatif correct, il n'y a pas de bébé non désiré. J'entends par là qu'un homme qui a une relation sexuelle avec une femme n'est pas sans savoir que cette relation peut aboutir à une fécondation. Bien sûr me disent-ils alors parfois : « Je pensais qu'elle prenait la pilule. Elle m'avait caché qu'elle ne la prenait plus. » Je réponds que c'est un risque connu de tout homme normalement constitué. Le désir de maternité a d'ailleurs été souvent exprimé précédemment par la compagne mais elle a essuyé un refus, parfois même d'ailleurs une acceptation ambiguë. Je ne nie pas que le désir d'enfant soit complexe et que l'on puisse vouloir et ne pas vouloir. Mais l'on ne peut pas dire qu'à 100 % l'enfant ait été non désiré, puisqu'on a pris un risque. Beaucoup d'hommes ont une peur vertigineuse de la paternité. J'en connais même plus d'un qui acceptent avec enthousiasme la grossesse, mais qui quittent l'appartement au sixième mois quand celle-ci est devenue irréversible. J'en connais encore qui, après de nombreuses tentatives de fécondation in vitro enfin abouties, quittent leur femme quelques mois après la naissance. Toutes ces réactions sont le résultat d'une enfance problématique, de rapports douloureux avec des parents difficiles, d'image parentale confuse. Et vous voilà aujourd'hui la belle-mère d'un bébé. Si votre compagnon vous dit ne pas avoir désiré ce bébé, je lui conseillerai d'entreprendre une psychothérapie de façon à pouvoir construire aujourd'hui des rapports heureux avec son enfant comme avec vous sa nouvelle femme, comme d'ailleurs avec son ex. Quitter une femme quelques mois après une naissance n'est pas de toute façon sans bouleverser le papa et celui-ci mérite un soutien pour pouvoir continuer sa vie positivement.

Il peut en être de même pour certaines mères qui me disent : « Je me croyais stérile », ou : « C'est un accident parce que j'ai oublié la pilule » : il y a un risque pris, donc il y a une part de désir d'enfant. Là aussi, il faudra aller au fond de l'histoire des grands-parents et peut-être remonter aux générations antérieures. C'est la transmission des affects « trans-générationnels ». Ainsi ces parents se séparant précocement pourront continuer leur vie en ayant mieux réglé leur problème avec la parentalité.

Donc, disons-le tout nettement, ce bébé a été désiré. Et le fait que tout bébé soit aujourd'hui pratiquement peu ou prou voulu doit être perçu des adultes qui l'élèvent, c'est-à-dire des parents de naissance et de vous, la nouvelle compagne ou le nouveau compagnon. Car considérer qu'un enfant n'a pas été désiré est extrêmement négatif envers lui, pour sa vie entière. Même si vous croyez qu'il ne le sait pas parce que vous ne l'avez pas dit devant lui, le bébé dès sa naissance ressent parfaitement les angoisses des adultes, et la difficulté de sa mère ou de son père à l'investir en tant qu'enfant.

Il faut aussi envisager le cas, que nous rencontrons régulièrement, où vous êtes la belle-mère d'un bébé parce que sa maman de naissance est partie avec un autre homme en abandonnant bébé et papa. La facilité est alors de lui dresser un portrait de mère indigne, ce qui sera extrêmement destructeur pour son identité d'enfant. Il faut éviter ces portraits dévastateurs et, au contraire, essayer de comprendre quel est le drame qui peut pousser une mère à partir en laissant son bébé. C'est souvent un drame affectif, ce peut être une dépression grave, un problème de santé, un problème d'intempérance, de drogue, ce qui est à mettre sur le registre de la maladie. En aucun cas il ne faut renier cette mère mais essayer de comprendre ses raisons et montrer à l'enfant que cette partie de lui-même est respectable.

Il arrive enfin, et assez souvent, que la maman veuille garder son bébé pour elle seule. Votre compagnon a été exclu du foyer maternel de bonne heure. Dans l'hostilité qui existe fréquemment entre les deux parents du bébé, vous aurez peu de chance de l'avoir souvent avec vous, et cela peut être un déchirement pour son papa. Il ne faut pas croire que vous réparerez toutes les souffrances en faisant un bébé ensemble, et en ignorant totalement l'enfant de l'Autre. Pour mettre du baume sur les plaies, mieux vaut essayer de comprendre ce qui s'est passé. Lorsque vous en avez l'occasion, créez un lien avec la mère du bébé de telle sorte que celle-ci ait de plus en plus foi en vous pour pouvoir vous le confier.

Il faut en même temps respecter la sensibilité d'une mère. Je vois des pères se battre pour le droit de visite d'un bébé, l'avocat demandant l'application de la même règle que pour un enfant en âge scolaire. Or le temps n'a pas la même durée pour un nourrisson, pour lequel une heure est déjà une éternité. Il ne faut pas infliger des séparations que la mère ressentira dans sa chair. Pour qu'une mère confie son bébé, il faut qu'elle se sente comprise. Mais la méfiance est souvent le prétexte pour exprimer en fait l'absence de confiance quant aux affects que l'on fera planer au-dessus de la tête d'un nourrisson. Vous devez donc, vous, belle-mère, être une bonne fée supplémentaire sur son berceau, et encourager votre compagnon à parler avec la mère de façon bienveillante, de telle sorte qu'elle puisse donner le bébé en garde quelques heures, par exemple le samedi, en sachant qu'aucune phrase négative à son égard ne sera dite. La critique : « son père ne sait même pas le changer » ou « son père n'avait même pas de petit pot chez lui » cache souvent la crainte légitime chez une mère d'une ambiance hostile autour du bébé. Je ferai plus loin quelques observations quant à l'organisation de la garde des enfants, mais je peux déjà dire que plus l'enfant est petit, plus les vacances doivent être découpées. Les bébés ne peuvent pas être séparés de leur mère plus d'une semaine, mais par contre cette semaine peut être répétée plusieurs fois dans l'été pour couvrir un mois. Les enfants en âge d'aller à la maternelle devraient avoir deux périodes de quinze jours avec chacun des parents ; et seulement les enfants du primaire et du collège des périodes pouvant couvrir le mois. Bien sûr, ces suggestions ne sont pas toujours commodes pour les adultes, mais l'intérêt de l'enfant devrait être primordial. Je pense donc qu'il faut avant tout respecter la sensibilité de la mère lorsqu'il s'agit d'un jeune nourrisson et conquérir sa confiance, au lieu de se battre à coups de procédure judiciaire, comme je le vois trop souvent.

Plus rarement, vous vous retrouvez beau-parent d'un bébé parce que l'autre parent est décédé soit pendant l'accouchement, soit quelques mois après, d'un accident ou d'une maladie grave, ou même par suicide. Je vois de telles familles régulièrement. Dans ce cas, le bébé est à part entière chez vous, les grands-parents ont souvent pris une place importante et la situation paraît à la fois plus douloureuse et plus simple au quotidien puisqu'il n'y a pas deux foyers. Mais en réalité, il faut que vous sachiez que le bébé a besoin d'un continuum avec sa mère et son père biologiques. Par exemple, si vous vous trouvez être la belle-mère d'un bébé qui vit à temps plein chez vous et dont la mère est décédée, il ne faut pas croire que vous la remplacerez. Vous êtes une belle-mère. Même si plus tard, à la sortie de l'école, l'enfant vous appelle « maman » et vous installe dans votre rôle de mère sociale, certes très important, vous n'êtes pas sa mère de naissance. Il faut qu'il connaisse sa mère de naissance, sans tourner au fétichisme, bien sûr. Il est important qu'il en ait une photo, que les albums de souvenirs soient accessibles, que les grands-parents maternels aient une place de choix dans sa vie, eux qui sont les représentants de la maman. Il faut que vous encouragiez votre compagnon à parler à l'enfant de la rencontre avec sa mère, de l'amour qu'il a éprouvé pour elle, du caractère, du métier, des études qu'avait faites sa mère. Si possible, conservez des objets qui lui ont appartenu.

Dans tous les cas, il est évident que l'attachement se fera plus facilement avec un bébé dont vous auriez la garde majoritaire car rien ne vaut les changes, les biberons, les bains, les inquiétudes des poussées fébriles, les réveils nocturnes et les gros câlins du matin pour créer un lien parental profond. Mais ne pensez pas pour autant que vous pouvez effacer l'autre parent. Ce bébé grandira et se posera des questions sur sa mère de naissance. S'il ne la voit plus, si elle a disparu de son environnement, elle rejaillira dans sa vie fantasmatique et ce vide pourra provoquer un mal-être profond au moment de l'adolescence. Il est donc essentiel de ne pas l'ignorer et de ne pas gommer inconsciemment dans l'histoire de l'enfant de l'Autre l'identité de sa mère ou de son père de naissance. Une maman me disait : « Il est plus facile avec les enfants d'être veuve que d'être divorcée, on peut les élever seule tranquillement. » L'expérience montre qu'elle se trompait lourdement car l'adolescence fera ressurgir le manque de l'autre parent. Sauf si vous avez accompagné l'enfant de la transparence et de la connaissance de l'image du parent disparu à travers les grands-parents, les amis, les albums de photos, les objets restants, un courrier si c'est possible.

Je suis obligée d'aborder ici une configuration particulièrement douloureuse, celle où la maman (ou le papa) s'est suicidée. L'entourage aujourd'hui sait qu'il faut dire la vérité à l'enfant, dire que la mère est morte. Mais, presque toujours, on souffrira trop, le père se sentira trop coupable, quelles qu'aient été les raisons, pour pouvoir dire à l'enfant que la maman s'est suicidée. Or le nourrisson devine qu'on lui cache quelque chose. Il ne peut partager pleinement sa douleur, car il reste dans le non-dit imposé par les adultes. En grandissant, l'enfant se demandera pourquoi il n'a pas mérité que sa maman reste au monde, pourquoi il n'a pas pu la retenir, mais il ne pourra pas parler de ces interrogations, du fait du lourd secret. Le bébé, pour étonnant que cela puisse paraître, devine que la maman a mis fin à ses jours. Le père devra arriver à le verbaliser, au besoin grâce à l'aide d'un psychothérapeute. Ce n'est pas à vous, et je voudrais le dire d'une façon générale, vous la belle-mère ou le beau-père, de révéler ces secrets de famille. Vous pouvez aider les parents de naissance et les grands-parents à parler vrai à l'enfant, mais en aucun cas ce n'est à vous de rompre le silence sur des secrets dont vous ne savez pas ce qu'ils représentent de souffrance cachée pour les adultes. C'est en diminuant le seuil de souffrance par la psychothérapie que l'on permettra à votre compagnon de parler vrai à son enfant.

On pourrait penser à l'opposé que les rapports avec l'enfant de l'Autre seront plus faciles lorsque cet enfant a plus de 18 ans : il est « un être fini » et l'on peut imaginer qu'il sera autonome, rationnel, heureux même de voir le parent qui l'a mis au monde et élevé vivre avec une nouvelle compagne ou un nouveau compagnon la deuxième partie de sa vie, au moment où l'âge commence à l'affaiblir. Il n'en est rien. Mes jeunes parents dont la mère ou le père convole en nouvelles noces me prouvent tous les jours combien le jeune adulte reste naturellement possessif de ses parents. Si rationnellement, il accepte votre présence, dans sa chair et dans son cœur, il se sent aussi dépossédé qu'un tout petit bébé. Attendez-vous donc à des réactions violentes de rejet, d'autant plus violentes que cet âge étant indépendant, l'enfant de l'Autre, jeune adulte, peut refuser tout dialogue.

J'ai suivi les enfants de Mme B. après sa séparation de son premier mari. Cette jeune publicitaire avait un fils aîné, Adrien, et travaillait énormément. Aussi étaitelle satisfaite que sa charmante maman, veuve, vive à la maison et s'occupe du petit. Cela a permis à la jeune femme de consacrer toute son énergie à sa vie professionnelle, à la boîte de communication dans laquelle elle venait d'être intégrée. Une liaison amoureuse est née avec l'un des associés. Lorsque Adrien était malade, avait besoin de vaccinations, je le voyais régulièrement accompagné de sa douce mamie. Quelques années plus tard, naissait un deuxième enfant de ce nouveau couple, et la mamie venait maintenant en consultation avec les deux petits garçons, tandis que la jeune maman se consacrait toujours, l'esprit tranquille, à sa vie professionnelle et conjugale. La famille était heureuse et les garçons très attachés à leur grand-mère. Mais un jour, la maman est venue elle-même aux visites, en m'annonçant que sa mère avait retrouvé un compagnon. Et elle ne l'acceptait pas. Je lui fis remarquer combien la grand-mère l'avait aidée, j'en avais été le témoin, et combien une rupture perturberait les enfants. Mais la jeune femme fut formelle : « Ma mère doit choisir, je ne veux pas voir cet homme. » Elle ne pouvait rien lui reprocher de particulier. C'était une allergie totale. « C'est ainsi ! Je suis consciente du caractère douloureux de la situation et même de mon ingratitude, mais puisque ma mère fait passer cet homme avant moi, je ne la vois pratiquement plus. » Je reçois régulièrement des mères ou des pères en rupture avec l'un de leurs parents pour cause de remariage. Sachez-le donc, l'enfant de l'Autre, jeune adulte est donc aussi passionnel que les petits, il invoquera mille raisons d'être en conflit avec la nouvelle belle-mère ou le nouveau beau-père : les questions d'argent, de disponibilité de temps pour les petits-enfants, de territoire rejaillissant comme au temps de la petite enfance. Devenir adulte, c'est arriver à garder le lien dans la tolérance, mais non dans la rupture avec ses parents, ni dans la fusion. Une cassure dans la chaîne des générations serait préjudiciable à chacun.

Comment donc éviter ces crises qui ne peuvent qu'être très douloureuses pour votre compagnon comme pour son enfant ? Pour permettre à l'enfant de l'Autre ce passage en douceur, il vous faut à vous, belle-mère ou beau-père, bien connaître cette sensibilité exacerbée et respecter plus que jamais l'enfant de l'Autre. Respecter le jeune adulte :

- C'est d'abord, devant lui, respecter votre compagnon, car il se veut le protecteur.
- C'est respecter son identité. C'est un garçon qui a pu décevoir dans ses études ? Montrez que vous remarquez ses qualités, ses compétences et ses points forts, au lieu de dénigrer ses échecs. C'est une fille ? Vous prendrez garde à ne pas vous poser en rivale, vous n'hésiterez pas à lui proposer de faire des courses, occasion créant souvent une complicité. L'enfant de l'Autre est lui-même jeune parent ? Les petits-enfants vous donneront l'occasion de montrer vos bons sentiments. Car les jeunes couples ont énormément de besoins du côté des enfants. Les deux parents travaillent, et il est fort triste aujourd'hui de préférer confier son bébé à une nourrice mercenaire et analphabète plutôt qu'à sa propre mère. Or je vois souvent cette situation, provoquée par le rejet du nouveau compagnon ou de la nouvelle compagne.

Mais rien n'étant plus précieux qu'un enfant, il est évident que, pour vous le confier, le jeune parent doit sentir que le climat psychologique sera positif autour de lui. Si vous vous montrez bienveillant envers votre belle-fille, il est sûr qu'elle amènera ses enfants en cas de besoin avec confiance. Ce n'est pas tant votre technique de soins au bébé qui sera en cause, mais la chaleur de votre comportement. Si par contre vous êtes froide, hostile, avez des paroles blessantes envers la jeune mère, il lui est difficile de vous confier ses enfants. Il vous sera aisé ensuite de déplorer qu'elle ne vous les donne pas en garde...

Il est donc vraiment important d'adopter le jeune adulte-enfant de l'Autre dans le fond de votre cœur. Pensez que votre compagnon a vu naître, grandir et se façonner cet enfant. Si vous avez compris le parcours qu'ont fait ses parents pour l'instruire et l'épanouir, au lieu de critiquer des petits travers, vous le regarderez positivement et il le saura. Votre rôle, votre tact, votre délicatesse de beau-parent sera le reflet de vos sentiments profonds. Pensez à lui non pas comme à un adulte mais comme à l'enfant qu'il a pu être dans les yeux de son père ou de sa mère ; et admirez le jeune adulte qu'il est devenu, quelles que soient ses faiblesses, ses difficultés. Si vous savez apprécier sa personnalité, vos rapports seront excellents et votre vie avec votre compagnon sera beaucoup plus épanouie.

Bien sûr il y a des situations difficiles, et mes amis notaires me disent combien tout ne s'arrange pas toujours. Au moment des héritages ils voient se cristalliser des configurations d'hostilité entre beaux-enfants et beaux-parents. Si vous vous trouvez dans cette situation, ne faites donc pas confiance au temps pour tout arranger. Faisant fi de l'amour-propre pour laisser la place à l'amour tout simple, vous devez saisir toutes les occasions de faire des gestes montrant que les hostilités ne sont pas irréversibles. La vie de ces jeunes adultes sera bien sûr semée d'embûches comme toute destinée humaine, et les occasions se présenteront à nouveau pour tendre la main. Les naissances des petits-enfants, petits-cousins, les fiançailles ou les baptêmes dans la famille vous donneront sûrement l'occasion de montrer combien vous êtes intéressé par son histoire, son enfance, sa personnalité, sans jugement. Il faut toujours faire la paix au-dessus des berceaux.

Vous devez apprendre à admirer l'enfant de l'Autre une fois son éducation terminée. Car tout jeune adulte mérite d'être admiré, d'être reconnu, que ce soit pour son humour, son originalité, sa réussite professionnelle, sa réussite dans les études, son talent artistique, sa beauté, ses compétences parentales, la façon dont il décore son intérieur ou sa gentillesse envers autrui. Oui, tout adulte mérite intérêt. Vous avez sûrement parmi vos amis des gens très différents du modèle d'adulte que vous voudriez avoir comme propre enfant, et ce sont pourtant vos amis. Pourquoi « l'adulte de l'Autre » ne mériterait-il pas autant votre sympathie que le plus original ou le plus faible de vos amis ?

VII

Les « mots qui tuent »

Les mots du quotidien en disent souvent plus que toutes les déclarations d'intention. Ouvrez grandes vos oreilles et vous lirez mieux dans vos sentiments, dans ceux de votre nouveau conjoint, et dans ceux de l'enfant.

Les paroles qui font mal

Vous vous retrouverez peut-être dans ces expressions lâchées lorsque l'on « craque ». Elles peuvent être exceptionnelles, et prêter simplement à des explications, voire des excuses, elles peuvent vous venir régulièrement et témoignent alors de sentiments agressifs. Un vocabulaire emprunté au jargon psychanalytique sert souvent de support aux critiques les plus impitoyables. Parler sincèrement avec votre entourage, voire avec une psychologue, s'impose alors.

« Chez moi, on se brosse les dents ! »

« Non seulement tu es sale, mais en plus, tu mens ! »

« C'est sa mère qui lui monte la tête. »

« Moi, ta demi-sœur, je ne veux même pas entendre prononcer son nom ! »

« Évidemment, avec son père, il a pris froid... »

« Son père ne suit pas mes conseils diététiques. »

« Ta mère n'a pas prévu de chaussettes de rechange ? »

« Sa mère le couve beaucoup trop. Il manque d'autonomie... »

« Il faudrait qu'il coupe le cordon ombilical. »

« Il est en plein Œdipe, ce petit ! »

« Surtout, ne dis rien à ta mère ! »

« Je ne suis absolument pas d'accord avec l'école dans laquelle t'a mis ton père ! »

« Je ne verse pas une pension pour que ta mère vive avec ce type ! »

Les mots de l'enfant de l'Autre

« Je ne peux pas dire à maman que j'aime la nouvelle amie de papa, ça lui ferait trop de peine ! »

« De toute façon, je vais demander à mon père ! »

« D'abord, c'est pas ma mère ! »

« Ce n'est pas mon beau-père, c'est mon faux père. »

« Quand je suis chez papa, j'ai envie d'aller chez maman ; et quand je suis chez maman, j'ai envie d'être chez papa. »

« Moi, tout ce que je veux, c'est que papa et maman reviennent ensemble. »

« Moi, je veux une famille normale. »

« Pourquoi est-ce qu'ils m'ont fait, si c'est pour se divorcer ? »

« Mes parents, ils m'ont coupé en deux. »

« Le plus difficile, avec ces deux maisons, ce sont les affaires. On oublie toujours quelque chose. »

« Si seulement papa et maman pouvaient arrêter de se disputer ! »

« Mon papa ne m'aime plus, il est parti avec Catherine. »

« Papa, il a une grosse voiture, et maman, elle gagne pas beaucoup. »

Les paroles qui font du bien

« Il m'a dit bonjour avec les yeux. »

« Ta mère t'a vraiment acheté une belle tenue. »

« Tu diras à papa de goûter à notre gâteau. »

Écoutez bien l'enfant de l'Autre : s'il vous pose des questions existentielles (« dis, c'est comment quand on est mort ? »), ou vous confie ses secrets (« Caroline, c'est mon amoureuse, mais il ne faut pas le répéter »), c'est une immense marque de confiance. Vous êtes totalement adoptée... lorsqu'il me dit :

« Françoise, elle est très gentille. Tu vois : pas un peu gentille, très gentille. »

« Mon beau-père, c'est un savant. »

« Mon beau-père, Philippe, moi, je l'appelle Phipa. »

« Moi, j'ai deux papas que j'aime. »

Exemple d'interdits absolus

• Si vous êtes un beau-père

Les comportements interdits :

– donner des châtiments corporels, même apparemment minimes : tapes sur les mains, sur la tête, sur les fesses,
– vous promener nu devant votre belle-fille,

– entrer dans la salle de bains de votre belle-fille lorsqu'elle ferme la porte et quel que soit son âge,
– lui pincer les fesses (et, bien sûr, tout attouchement sexuel !)

Les mots interdits :
– « Tu as des nénés, maintenant ! » (et toute allusion à sa transformation sexuelle),
– « Tu es vraiment nul ! » (et toutes autres références à son degré d'intelligence).

• Si vous êtes une belle-mère

Les comportements interdits :
– donner des châtiments corporels, même apparemment minimes : tapes sur les mains, sur la tête, sur les fesses,
– casser le canon du pistolet-jouet de votre beau-fils (sous prétexte que vous êtes pacifiste),
– vous promener nue devant lui.

Les mots interdits :
– « Tu n'es pas doué ! » (et toutes autres références à son degré d'intelligence),
– « Ta mère coûte cher à ton père ! »

VIII

Les rapports avec le « vrai », votre enfant

Vos rapports avec votre propre enfant se compliquent dès l'arrivée de l'enfant de l'Autre. Vous avez eu le plus souvent une période de vie en tête à tête avec votre enfant : soit parce que vous étiez séparé de votre premier conjoint. Si vous êtes une femme, vous aviez le plus souvent la garde de vos enfants en semaine ; si vous êtes un homme, vous avez pris l'habitude de vous en occuper vous-même pendant les week-ends et les vacances. La complicité était simple, et rien dans votre mode de vie n'était critiqué, remis en question et tiraillé par des demandes contradictoires. Vous ne vous sentiez pas jugé lorsque votre enfant venait se glisser la nuit dans votre lit, lorsque vous lui apportiez son petit déjeuner sur un plateau, lorsque vous faisiez vous-même le résumé de son livre de classe : autant de gestes tendres, naturels de la part d'un parent. Or, votre nouveau partenaire jugera facilement ces attitudes comme excessivement protectrices, car, disons-le, c'est une « pièce rapportée » qui vit la situation de façon extérieure à lui-même. Les difficultés de positionnement entre l'enfant de l'Autre, le nouveau venu (ou nouvelle venue), et votre propre enfant sont donc multiples. Nous allons voir comment s'y prendre pour éviter crises et tensions, et comment permettre à votre amour pour votre enfant de s'exprimer sans que votre nouvelle situation soit source d'angoisses et de critiques.

Rivalité physique, rivalité intellectuelle

Nous avons vu plus haut combien les parents avaient tendance à souffrir des différences entre leurs enfants. C'est bien connu, lorsque nous avons un bébé, nous comparons lors des fêtes de famille l'âge de la marche, l'âge des premiers mots, nous sommes hypersensibles à la moindre différence entre les enfants des autres, et le nôtre. Ces comparaisons sont exacerbées dans une famille « recomposée ».

Par exemple, si votre garçon a le même âge que l'enfant de l'Autre et mesure dix centimètres de plus, le spectacle lors des promenades peut faire souffrir son père, votre compagnon. De la même façon, si votre fille a une beauté assez exceptionnelle alors que l'autre petite fille est plus commune, les comparaisons peuvent être blessantes. La rivalité intellectuelle aux yeux des parents est certainement l'un des motifs les plus fréquents de conflits pour le nouveau couple. J'entends par là que les différences entre enfants, la facilité à apprendre, l'éveil à la culture et les acquis scolaires de l'un, comparés aux difficultés de l'autre sont l'un des sujets les plus douloureux pour un nouveau couple. Il est donc important, si vous vivez cette situation, de respecter le rythme d'apprentissage de votre enfant tout en aidant l'enfant de l'Autre à trouver son propre registre. Car, nous l'avons dit, « un enfant est toujours intelligent en quelque chose ». Ce peut être dans le domaine des exploits sportifs, l'un joue parfaitement au tennis, et l'autre rate toutes ses balles ; très vite, le petit qui est en échec aura tendance à délaisser totalement ce sport pour ne pas se voir comparé dans les yeux de son parent. Vous, en tant que parent, risquez fort de souffrir de l'amour-propre blessé de votre compagnon lorsque votre enfant répond davantage aux canons habituels de réussite.

Car le pire dans ces comparaisons est que les blessures restent le plus souvent non dites. Plutôt que de se reconnaître gêné par les faiblesses de l'enfant de l'Autre, son parent aura tendance à dévier son agressivité sur d'autres sujets, se laissant aller à des paroles blessantes. Ce qui est assez déstructurant pour votre enfant, qui ne comprend pas certains reproches illogiques. Je vous entends me dire comment vous vous mettez en quatre pour valoriser l'enfant de l'Autre plus faible, pour nc pas susciter chez votre compagnon des réflexions blessantes à l'encontre du vôtre, plus brillant. Mais cette diplomatie freine votre spontanéité avec votre propre enfant ; vous pouvez souffrir dans votre cœur. Vous me confiez alors que vous peinez à maintenir votre enthousiasme pour votre nouvelle famille, et la complicité avec votre propre enfant, parce que toute votre énergie est dépensée à protéger celui de l'Autre des vexations, des humiliations. Je constate que cette attitude de gommage artificiel des différences ne fonctionne pas bien. Petit à petit les tensions s'accumulent malgré tout et les rancœurs surgissent.

D'autant que votre propre enfant risque d'inhiber certaines de ses capacités pour ne déranger personne. Ainsi, à table, en voiture, l'enfant intellectuellement précoce a tendance à poser de nombreuses questions, ce qui peut déranger la conversation des adultes.

- Si les adultes sont le couple de naissance, les parents sont disponibles, émerveillés, attentifs à la pertinence des questions de leur enfant.
- Si, par contre, le couple est un couple recomposé, on a forcément plus tendance à dire à l'enfant : « Tais-toi un peu ! » Votre nouveau partenaire n'a pas d'émerveillement « génétiquement » partagé pour la vivacité de votre enfant, et souvent même une irritation devant sa pertinence. Et votre enfant peu à peu prend l'habitude de freiner ses curiosités : il s'inhibe.

Il faut le dire, le beau-parent trouvera souvent renfort auprès de ses amis ou de ses propres parents pour prétexter que vous êtes trop « protectrice » et « fusionnelle » avec votre enfant, car ces propos sont très à la mode. Il est trop facile d'invoquer un comportement surprotecteur pour refouler votre enfant, surtout si ses qualités ne sont pas à l'avantage, en cas de comparaison, avec l'enfant de l'Autre.

Pour éviter d'en arriver là, il faut préparer le terrain psychologiquement avant de présenter votre enfant à votre nouveau compagnon. Parlez-lui des périodes difficiles que vous avez connues en élevant cet enfant, des bonheurs que vous avez éprouvés à chacun de ses progrès, feuilletez ensemble votre album de famille. Si vous voyez qu'il y prend plaisir, que ses remarques sont bienveillantes, ses questions curieuses, son intérêt manifeste, vous pouvez présumer que la « greffe » de votre enfant prendra sans rejet. Encore faudra-t-il l'entretenir. Mais si l'album de vos souvenirs ennuie votre compagne ou votre compagnon, le met en rivalité douloureuse avec votre passé, suscite des critiques et remarques déplaisantes, pensez bien que votre enfant est un album vivant de toute cette première partie de vie. La recomposition risque d'être alors difficile pour lui et pour vous.

J'espère que la lecture de cet ouvrage conduira toute nouvelle compagne ou nouveau compagnon à comprendre les clés du respect de la complicité entre vous-même et votre propre enfant. Il faut donc, pour protéger votre enfant, que vous soyez très clair(e) d'emblée avec votre nouveau conjoint sur l'importance pour vous de cette complicité, sur l'extrême sensibilité d'un enfant qui a déjà vécu une première séparation et souvent une période de vie en tête à tête avec vous.

Mais il vous faudra aussi arriver à canaliser la demande affective de votre petit. Car il est vrai que votre enfant, surtout au début de votre nouvelle relation amoureuse, cherchera à vérifier que son emprise sur vous n'est pas remise en question. Pour ce faire, il augmentera ses exigences, qu'il s'agisse d'une aide pour les devoirs, ou d'une présence pour le coucher... Mais votre nouvelle vie conjugale est en général bénéfique en ce qu'elle permet de restaurer votre enfant dans sa bonne place. Il est donc important aussi de mettre des limites à sa demande. Je vous conseille de dire à votre compagnon que vous avez cette préoccupation : si celui-ci sait que vous êtes ouvert à l'idée que chacun doit trouver sa place, il vous laissera un peu de temps pour y arriver : car, bien sûr, ces nouveaux positionnements ne doivent pas se faire brutalement. Ce sera l'occasion d'ailleurs d'apprendre à chaque quasi-frère ou quasi-sœur combien le respect d'un petit compagnon, avec ses différences, est source de joie. Enseigner la tolérance et la complicité, chacun s'appuyant sur les talents de l'autre, permettra à votre famille recomposée une vie joyeuse.

Les changements dans l'éducation de votre enfant

L'éducation de votre enfant va connaître d'inéluctables changements dès lors que vous composez un nouveau couple. Je dirai qu'il y a trois cas de figure :

– L'éducation de votre enfant s'en trouve facilitée. Votre compagnon, ou votre compagne, établit d'emblée un rapport affectif positif avec votre enfant, n'exprime aucune hostilité envers votre ex et témoigne d'un respect qui permet à votre enfant de continuer à se sentir lui-même sous votre toit. Son beau-parent apporte un plus par rapport à votre vie antérieure : des sorties passionnantes, un nouveau sport, une initiation à l'ordinateur, à la peinture, à la musique... et fait partager ses passions à votre enfant. Les voilà qui sortent main dans la main comme de vieux amis. Votre partenaire se réjouit des bonnes notes, accepte les mauvaises notes de façon positive en cherchant à mieux expliquer le travail, et se fait un plaisir d'offrir de petits cadeaux sans oublier l'anniversaire ni les fêtes. Vous êtes alors aux anges et votre vie s'en trouvera épanouie. Vos rapports avec votre compagnon en découleront, le plaisir de faire l'amour ensemble lorsque vous serez seuls en sera décuplé, car tout est lié. La vie est alors un rêve et je le souhaite pour tous. Malheureusement, cette configuration n'est pas très fréquente. Nous avons vu toutes les embûches qui étaient dressées sur le chemin.

– Bien souvent, il s'agit plus d'une nouvelle cohabitation que d'une véritable complicité entre votre nouveau conjoint et votre enfant. Si cette cohabitation se passe dans le respect mutuel, c'est déjà énorme. Le beau-parent respecte le temps que vous devez accorder à votre enfant sans le critiquer ni en montrer de la frustration. Il n'a aucune parole blessante pour l'ex. Réciproquement, votre enfant ne se montre pas tyrannique, mais ajuste ses demandes en tenant compte de l'existence et de l'intimité de votre nouveau couple. Dans ce cas, l'essentiel est préservé, même si les rapports ne sont pas excessivement chaleureux. On peut espérer qu'avec le temps, chacun se connaissant mieux et se frottant aux petits détails de la vie quotidienne, une intimité réelle va se créer. Pour que cette cohabitation ne soit pas traumatisante pour votre enfant, veillez aux priorités : un moment de confidence au coucher, une certaine disponibilité pour l'aider dans ses devoirs, quelques promenades en tête à tête et des repas pris en commun. Voilà le minimum vital à préserver. Si cette cohabitation devait se traduire en une vie de camp retranché, comme il arrive souvent lorsque votre enfant est un adolescent, il sera exposé à des dangers. Car si vous vous appuyez sur le désir d'indépendance de l'adolescent pour lui permettre de vivre sa vie en préservant ainsi votre couple, vous risquez de laisser le jeune seul face aux dangers qui le guettent aujourd'hui. Je connais ainsi des parents qui, après être partis en week-end à la campagne avec leur nouveau bébé, laissant les grands du premier mariage seuls en ville, ont eu des surprises désagréables au retour. Donc il ne faut pas confondre absence totale de temps en commun et de communication entre votre enfant, même adolescent, et votre nouvelle vie et cohabitation pacifique.

– Mais parfois, les tensions sont extrêmes entre votre nouveau conjoint et votre enfant. Vous vous sentez coupable chaque fois que vous lui racontez une histoire au coucher tandis que votre compagnon est seul devant la télévision ; vous ne pouvez plus consacrer de temps à la révision de la dictée parce que votre compagnon irrité vous accuse de trop le protéger scolairement ; vous ne pouvez plus prendre votre enfant sur les genoux pour regarder une émission de variétés parce que votre nouveau couple s'en trouve extrêmement perturbé ; et vous sentez que votre compagnon ne comprend pas votre sentiment envers votre enfant. Le petit en souffre, s'enferme, devient triste, réclame son autre parent. Dans ce cas, je dirais qu'il vaut mieux choisir un système différent où vous puissiez vivre une vraie vie de maman (ou de père) avec votre enfant, et voir votre compagnon à l'extérieur. Votre enfant doit pouvoir grandir sans tiraillements ni culpabilité. Vous n'êtes pas obligé de recréer une famille classique. Si l'amour qui vous lie est profond et si vous avez de puissants centres d'intérêt commun, qu'ils soient culturels, professionnels, affectifs, votre couple a des chances de se mettre en place progressivement. Lorsque vos enfants seront devenus adultes, construits, vous pourrez donner priorité à votre vie conjugale. Je rejoins encore Françoise Dolto, lorsqu'elle disait qu'un enfant n'a pas besoin d'une mère, ou d'un père, sacrifié. Encore faut-il qu'il ait eu le temps de se construire.

Comme vous le voyez, recomposer un nouveau couple peut se faire par étapes : vous pouvez vivre différentes périodes, essayer de partager le même toit, puis aller vers une vie en habitations séparées, pour peut-être vivre ensemble plus tard. L'important est que les enfants, d'un côté comme de l'autre, se sentent protégés par leurs parents et respectés par votre nouveau compagnon.

IX

Comment vous faire aimer de l'enfant de l'Autre ?

Pour vous faire aimer de l'enfant de l'Autre, la clé peut paraître simple : il faut respecter cet enfant, et montrer que vous tolérez et acceptez son parent. Il faut aussi ne pas oublier de vous aimer vous-même, ce qui impose bien sûr de fixer des limites.

Vous aimer vous-même

Nous avons vu que l'enfant de l'Autre va commencer par vous tester. Porteur de toutes les blessures parentales et en particulier des souffrances du parent laissé seul, il va d'abord vérifier votre capacité à mettre des limites. Il est donc important que vous établissiez des règles de vie dans votre territoire, et d'abord dans votre maison. Pas question, par exemple, de laisser s'installer un désordre provocateur dans le séjour. Combien de fois il fait exprès de jeter ses baskets dans l'entrée, laisse ses paquets de chips dans le salon pour voir quelle sera votre réaction et quelle sera la réaction de son propre parent lorsque vous protesterez. Il teste ainsi la solidarité du nouveau couple, et votre capacité à vous protéger.

Vous devez donc d'emblée montrer que vous estimez avoir droit à un intérieur agréable. Mais dans votre protestation, surtout si vous êtes vous-même parent, vous n'oublierez pas d'avoir le même comportement qu'avec votre propre enfant. Ne soyez pas trop exigeant et moralisateur. Essayez d'être positif dans vos conseils. Si les baskets sont dans l'entrée, ne lui dites pas : « J'en ai vraiment assez que tu mettes tes baskets n'importe où ! » mais : « Tu vois maintenant, quand tu vas arriver, tu vas mettre tes baskets ici ! » De la même façon, s'il a laissé des miettes de gâteaux et un pot de yaourt au salon, dites-lui : « Tu vois, on va mettre une petite corbeille au salon pour que tu puisses y mettre tes déchets. » C'est plus positif que de dire : « J'en ai assez que tu salisses tout mon salon. » Si vous répondez à la provocation par la provocation, l'escalade est garantie. Ne comptez pas trop sur l'aide de votre compagnon car, comme nous l'avons vu, son amour-propre est en jeu ; dès lors que vous prenez son enfant en faute, c'est lui que vous prenez en faute. Il réagira avec orgueil, de façon maximaliste, soit en punissant trop violemment l'enfant, soit en le défendant de façon absolue. C'est donc des rapports qu'il vaut mieux régler entre l'enfant et vous.

Si les limites sont par contre dépassées en permanence, c'est que l'enfant veut absolument lutter contre votre place à côté de son compagnon. Là, il faut avoir une conversation d'adulte avec votre conjoint, et si possible voir quelle est la souffrance non exprimée de son autre parent, dont l'enfant se fait le messager. Lorsque les adultes auront fait la paix et trouvé une conduite commune, l'enfant acceptera les limites bien plus facilement. Une réunion commune des parents et beaux-parents, lorsqu'on est arrivé à une entente des deux côtés, est l'idéal. J'ai connu des familles qui y parviennent !

Garder un minimum d'indépendance

Autant vous devez respecter l'enfant de l'Autre, autant vous ne devez pas devenir son souffre-douleur. N'acceptez jamais qu'il ait un comportement asocial à votre égard. Il doit savoir que vous n'accepterez pas un dépassement exagéré des limites parce que vous avez une solution. Vous devez alors faire savoir votre malaise à votre conjoint, et à l'enfant si son âge permet une discussion, de façon à restructurer votre organisation. Deux appartements, chacun dans son territoire, vaudront mieux qu'un appartement dans lequel tout est provocation, désordre, coups de téléphone interminables, absences ou retards, non-participation aux tâches domestiques, invasion de copains, frigidaire vidé, etc. Si les limites sont atteintes, il faut que vous ayez le droit au refus. Dès lors que l'enfant sait que vous pouvez mettre des limites et dès lors que votre compagnon le comprend, vous lui rendrez service en ne laissant pas les débordements devenir un mode de vie.

Mais souvenez-vous : le dépassement des limites sous forme de provocations quotidiennes est le signe d'une souffrance. Commencez par réfléchir à votre comportement, demandez-vous si effectivement vous le respectez ; si vous cherchez chez lui non pas la faute mais les côtés positifs de sa personnalité ; si vous vous intéressez à ses amis, à son travail, à ses besoins ; si vous vous réservez des moments en tête à tête avec lui ; si vous n'entravez pas ses relations avec son parent. Après cet examen de conscience, vous trouverez souvent les clés et vous pourrez parler avec l'enfant de l'Autre, même s'il est petit, en lui disant : « Je vois que tu ne respectes pas mon univers, mais peut-être est-ce pour me signifier que je ne te comprends pas très bien... » S'il ne sait pas – ou ne peut pas – vous dire ce qui le trouble, parlez avec lui des photos qu'il a mises dans sa chambre, partagez un film qu'il aime, racontez une histoire le soir, un conte de fées. Vous lui permettrez ainsi de s'exprimer et de dire ses souffrances. Vous aurez alors beaucoup plus de facilité à restaurer les limites.

Favoriser l'entente entre quasi-frères et sœurs

Nous avons vu l'importance des rivalités entre ces « pièces rapportées ». Vous devez tout faire pour que douce soit la cohabitation entre votre propre enfant et l'enfant de l'Autre. Pour cela, soyez sensible à valoriser leurs différences, mettez en valeur les qualités de chacun, encouragez-les à s'entraider, faites attention que les petits ne cassent pas les pieds des plus grands, que les plus grands ne soient pas des bourreaux avec le petit. Parler des parents absents de chaque côté en les citant par leur prénom, en leur parlant au téléphone, favorisera la cohésion entre les enfants eux-mêmes.

Il me faut surtout dire ici combien le respect mutuel entre les parents contribuera à la bonne entente entre les enfants eux-mêmes. Si vous vous montrez critique, si vous tournez à la dérision le métier, le comportement, l'excès de poids, la cuisine, le compte en banque... de l'un des parents, l'enfant a toute chance de devenir le faible aux yeux des autres. Et leur souffre-douleur. En valorisant au contraire chaque parent, l'enfant sera respecté de ses quasi-frères ou sœurs.

L'humour qui sauve

Nous avons vu comment le moindre détail de la vie commune est prétexte à dispute alors que la brosse à dents, l'odeur, le désordre, la mauvaise tenue à table de votre propre enfant vous dérangent beaucoup moins. Et si vous appreniez à en sourire ? Vivre avec l'enfant de l'Autre, c'est avant tout vous intéresser à un être humain pour lui-même, pour sa propre valeur, comme vous vous intéresseriez à l'ami que votre enfant vous présente. Car, mes petits patients me le disent, leur beau-parent est « plus cool » (c'est leur formule) avec leurs copains qu'avec eux, votre beau-fils, ou belle-fille. À l'enfant de l'Autre, vous ne « laissez rien passer », comme s'il devait remplir le contrat de votre vrai enfant, dont vous ne verriez que les fautes, comme si vous vous interdisiez de rire des moments cocasses.

Vivre avec lui, c'est au contraire s'intéresser à sa personne sans projeter vos exigences parentales. S'intéresser à sa personne « pour sa personne », pas pour son éducation. Votre cote sera au mieux si vous savez pratiquer l'humour au quotidien alors que les principes moralisateurs fonctionnent très mal. L'humour sauve la vie des familles recomposées. Une plaisanterie comme : « Il y a beaucoup de désordre dans ce salon, mais je sais que tu adores le ranger ! » dite avec un gentil sourire fera beaucoup mieux passer la critique qu'une leçon trop lourde.

Mais, bien sûr, entre humour et sarcasme tout est une question de ton. La même phrase dite sèchement par un beau-père excédé sera très blessante. C'est pourquoi l'enfant de l'Autre me dit si souvent être heurté par les sarcasmes de son beau-père qui, lui, prétend avoir plaisanté. L'humour ne passe que s'il est exprimé avec une réelle tendresse !

Trouver l'harmonie à l'extérieur de la famille

Trouver l'harmonie est donc une question de volonté autocritique. Si nous analysons bien nos comportements, si nous réalisons que, même bébé, et ensuite bien sûr enfant puis adolescent, l'enfant de l'Autre perçoit nos sentiments réels au-delà des paroles, nous pouvons alors créer une harmonie. L'harmonie passe par le désir de ne pas épingler chaque défaillance de l'enfant mais au contraire de valoriser ses réussites tout en protégeant votre propre territoire, et d'utiliser l'humour chaque fois que les règles sont enfreintes.

Trouver l'harmonie, c'est aussi savoir faire le lien non seulement entre vos propres enfants et l'enfant de l'Autre, entre votre propre enfant et votre nouveau compagnon, dans votre couple, non seulement bien sûr entre l'enfant de l'Autre et vous-même, mais aussi trouver l'harmonie à l'extérieur de votre famille. Harmonie avec l'autre parent, l'ex, harmonie avec les grands-parents, nous l'avons vu, harmonie aussi avec les amis. Les amis peuvent être des courroies de transmission très utiles, se faire les avocats de votre propre enfant ou de l'enfant de l'Autre. Les parrains, les marraines sont également précieux dans ces circonstances. Mais attention aussi aux « faux amis » qui, parfois « involontairement », jettent de l'huile sur le feu. Je ne peux donc trop conseiller aux grands-parents et aux amis de jouer les sages avec prudence, et après avoir écouté toutes les parties, y compris, seul, l'enfant de l'Autre.

X

Existe-t-il un mode de garde idéal pour vivre avec l'enfant de l'Autre ?

Selon que vous êtes belle-mère ou beau-père, parent de la semaine ou du week-end, que les deux parents de naissance vivent éloignés ou proches, ou même qu'ils aient adopté un mode de garde alternée, votre vie avec « l'enfant de l'Autre » sera bien différente. Mais nous allons voir les avantages et inconvénients pour le beau-parent et l'enfant de chaque mode de garde. Et si votre arrivée en tant que beau-parent préserve ou restaure des rapports amicaux entre les adultes, les modes de garde s'assouplissent très vite. Ce qui est bénéfique pour l'enfant, c'est que les parents fassent la paix. Nous vivons tant de batailles ! Un père qui réclame de voir plus son enfant alors que celui-ci, dans le secret de notre cabinet et en dehors de toute pression maternelle, nous dit souffrir trop, dans la maison paternelle, des insultes contre sa mère ; ou, réciproquement, une mère qui ne veut pas confier l'enfant au père et harcèle le médecin pour avoir des certificats la veille des week-ends prétendant qu'une fièvre empêcherait l'enfant d'aller en week-end. Ces règlements de comptes sont extrêmement douloureux pour l'enfant. Ce n'est pas le nombre de jours et de minutes passés chez l'un ou chez l'autre qui fait son bonheur, mais la complicité préservée entre ses parents.

Vous êtes le beau-parent des « week-ends »

Vous êtes en général une belle-mère, l'enfant de l'Autre est avec son père un mercredi sur deux, un week-end sur deux et la moitié des vacances scolaires. Bien des pères aujourd'hui se sentent frustrés de ce peu de vie commune avec leur enfant. En même temps, au début de la séparation, ils sont désemparés car ils n'ont pas l'habitude de passer un week-end complet entièrement seuls avec les enfants, et se reposent beaucoup sur leur propre famille ou lcurs amis. Nous retrouvons ces pères sur les Champs-Élysées le dimanche, au fast-food ou chez les loueurs de cassettes vidéo. Aussi votre arrivée et la constitution d'un nouveau foyer sont-elles les bienvenues. Certains cependant se sont habitués à remplir seuls leur rôle en vrais « nouveaux pères » et se sont trouvés beaucoup moins déconcertés. Une fois que le père a réorganisé ses vacances et ses jours de garde, ce système a présenté comme avantage de créer une nouvelle complicité entre le père et l'enfant, car ils ont vécu des moments de tête-à-tête qu'ils ne connaissaient pas jusque-là. Si cette période de célibat paternel s'est prolongée, vous devez être consciente que vous arrivez comme une pièce rapportée et volez à l'enfant une part d'intimité forte avec son père. Vous serez attentive à leur laisser des temps bien à eux. D'autant plus que vous pouvez profiter de votre nouveau compagnon tout au long de la semaine où l'enfant est chez « l'Autre ». Car il a chez sa mère un appartement de base, qui lui permet d'avoir un mode de vie le plus normal possible au quotidien.

Cette répartition semble fort injuste aux pères. Mais vous pouvez là aussi jouer un rôle réparateur, en tant que nouvelle compagne. Car la répartition des jours de garde peut évoluer au fur et à mesure que l'enfant grandit, ou que les familles se recomposent. Je dis souvent aux pères qui revendiquent plus de jours de garde de leur enfant que le meilleur moyen de les obtenir est de faire la paix avec leur ex, et de la respecter. La garde d'un enfant est très lourde et suppose des devoirs quotidiens importants. Une mère est un être humain qui a besoin aussi d'une vie affective. Pouvoir vous confier davantage l'enfant est un avantage pour elle. Si elle sent que les vibrations affectives dans la maison paternelle seront positives à son égard, il y a de grandes chances pour qu'elle vous appelle et vous confie l'enfant un week-end supplémentaire, une semaine de plus. Ainsi peu à peu, hors du cadre judiciaire, le mode de garde s'assouplit entre les parents qui savent faire la paix.

La belle-mère, le beau-père, si chaque famille se recompose, peut jouer un rôle apaisant. J'ai encore vu récemment un père me présentant Françoise, sa nouvelle compagne : « Elle nous a réconciliés, mon ex et moi. Je n'acceptais plus de parler à la mère et Françoise m'a expliqué que l'équilibre de mon fils passait par notre réconciliation. Depuis, je déjeune une fois par semaine avec mon ex. Notre fils est très content, et il aime beaucoup Françoise ! » Ce père a bien sûr beaucoup plus de chances de voir souvent son fils qu'en menant une guerre de tranchées pour en avoir la garde, par avocats interposés !

Vous êtes un beau-parent « de la semaine »

Autant dire que vous avez l'enfant de votre conjoint à 80 %.

- Vous êtes le plus souvent son beau-père, votre compagne ayant la garde de votre enfant. J'insiste alors tout particulièrement pour que vous lisiez cet ouvrage. Car, nous l'avons vu, les beaux-pères croient volontiers devoir jouer un rôle d'autorité sous prétexte qu'ils apportent l'image de l'homme. Les enfants me disent trop souvent en souffrir. Vous ne pouvez pas vous investir de l'autorité sans mille précautions pour toutes les raisons que nous avons examinées plus haut. Je ne peux que vous inciter à tenir compte de la sensibilité maternelle. Alors, vous serez le plus aimé des beaux-pères, Noémie, 16 ans, ou Maxime, 11 ans, en témoigneraient...
- Mais il arrive de plus en plus souvent que vous soyez la belle-mère d'un petit dont la garde est au père. C'est peu fréquent lorsque l'enfant est tout petit ; s'il a moins de trois ans, il est vrai qu'il est difficile de supposer que sa mère ne soit pas le pilier principal de son développement. Mais dans le cas où la maman a de graves difficultés, on peut cependant décider que la garde sera donnée au père. Avec les plus grands, il n'est pas rare que, lorsque les deux parents s'entendent bien, un enfant demande à aller chez son père alors que l'autre reste chez la mère ; ou bien les périodes alternent. Si l'enfant ne vit pas la garde comme un moyen de chantage sur l'un ou sur l'autre parent, si les parents n'en font pas une question d'amour-propre et de pouvoir,

cette possibilité est toujours bénéfique pour son développement. Il vous faudra, à vous, belle-mère, vous adapter aux besoins de l'enfant de l'Autre. Je dois dire que le plus souvent, votre sensibilité féminine vous permet cette souplesse. Cependant, vous pouvez avoir l'impression de ne plus compter dans la balance. Comme me l'a dit Mme H. : « Ma belle-fille Aurélie débarque de plus en plus chez nous alors qu'elle ne m'adresse plus la parole. Je sens qu'elle est pilotée par sa mère pour compliquer nos relations de couple. » En ce cas, nous avons vu comment fixer vos propres limites.

Beau-parent une semaine sur deux

Avoir l'enfant une semaine chez votre conjoint et vous, une semaine chez l'autre parent, paraît attrayant par l'égalité de la fonction paternelle et maternelle que ce mode de garde suppose. Mais il présente des inconvénients certains. Imaginez que vous deviez vous-même avoir deux maisons, prévoir les affaires dont vous aurez besoin dans chaque maison – non seulement le linge, le sac de sport, mais les livres, les cahiers... –, retrouver des jouets et un univers différents une semaine sur deux, ce mode de vie serait compliqué pour n'importe quel adulte déjà structuré... Je connais des enfants qui, déplorant l'inconfort de ces deux foyers, me disent ne pas demander d'en changer par peur de blesser leurs parents. Vous devez donc être attentive à l'organisation de cet enfant bringuebalé. Au contraire, il peut être parfaitement adapté à cette double adresse, et se sentir respecté dans l'amour qu'il porte à ses deux parents. C'est souvent à vous, élément neutre, qu'il pourra confier ses préférences. Car il faut toujours tenir compte du besoin qu'a l'enfant de ne pas blesser ses parents pour interpréter sa satisfaction. D'autre part les problèmes de garde sont toujours liés à des problèmes matériels et le mode de garde alternée peut diminuer le soutien financier à une mère qui en aurait besoin. Le mode de garde alternée exige deux organisations en particulier pour les sorties d'école, pour les gardes à la maison, et revient cher sans contrepartie matérielle le plus souvent ; c'est un problème qui n'est pas négligeable.

En résumé, il n'y a pas de mode de garde miracle. Le miracle est la bonne entente des parents. Et cette bonne entente passe par le respect de chacun des parents par le nouveau conjoint. Quels que soient, je ne le répéterai jamais assez, les propos agressifs que vous entendez de la part de votre compagnon à l'encontre de son ex, vous devez jouer l'apaisement pour créer un bon climat autour de l'enfant de l'Autre.

XI

Adopter légalement l'enfant de l'Autre

Adopter sentimentalement l'enfant de votre conjoint et vous en faire adopter est tout un art, comme nous venons de le voir. Vous voulez peut-être aller plus loin ? Dans ce cas, vous pouvez adopter légalement l'enfant de votre compagnon comme si c'était le vôtre. Vous serez ainsi certain qu'il ne sera pas lésé lors de votre héritage. Sachez aussi que l'adoption lui donne les mêmes droits que les enfants de naissance mais aussi les mêmes devoirs.

À quelle condition pouvez-vous adopter l'enfant de l'Autre ?

Il faut que votre épouse ou votre époux vous ait donné son accord (article 343 B du Code civil), vous devez avoir au moins dix ans de plus que l'enfant. Si l'écart d'âge est inférieur, vous pouvez demander dérogation au tribunal de grande instance (article 344 du Code civil).

Quel type d'adoption pouvez-vous choisir ?

Si vous vivez avec l'enfant de l'Autre, vous désirez peut-être exercer votre autorité parentale et lui permettre de bénéficier de votre héritage au même titre que s'il était votre enfant légitime.

– Dans ce cas, l'adoption simple légalise ce lien, mais permet en même temps à l'enfant de conserver ses relations avec sa famille de naissance et ses droits successoraux. Ses deux parents de naissance doivent donner leur consentement. Si l'un des deux s'oppose à cette démarche, c'est le tribunal qui statuera.

– Vous pouvez désirer une adoption plénière, mais alors les liens avec sa mère ou son père de naissance, c'est-à-dire l'ex de votre compagnon ou de votre compagne, et ses liens avec le reste de sa famille, les grands-parents, seront définitivement rompus. Aussi l'adoption plénière est-elle réservée à des cas très précis :

• D'abord lorsque l'enfant n'a pas de lien familial officiellement établi avec l'autre famille de naissance, le lien avec son autre parent est inexistant, par exemple son père de conception ne l'a pas reconnu.

• Lorsque l'autorité parentale a été complètement retirée à l'autre parent, votre conjoint est seul à l'avoir conservée.

• Lorsque l'autre parent est décédé, et que les grands-parents ne désirent pas conserver le lien avec l'enfant.

• L'adoption plénière est possible si l'enfant de l'Autre a moins de 15 ans. À partir de 13 ans, l'enfant doit obligatoirement donner son consentement.

Quel nom portera l'enfant adopté ?

– S'il s'agit d'une adoption simple, l'enfant portera, en plus de son nom de famille habituel, votre nom. Vous pouvez même demander au tribunal que l'enfant ne porte que votre nom, mais s'il a plus de 13 ans il devra donner son consentement.

– Si l'adoption est plénière, l'enfant portera en principe votre nom ; si vous êtes une femme, il portera le nom de votre mari, qui sera le nom de son père probablement.

N'hésitez pas dans l'usage à accoler les deux noms, de telle sorte que l'enfant garde le choix à 13 ans, aussi bien auprès de l'école qu'auprès de ses amis.

Quelle démarche effectuer ?

Vous devez envoyer votre requête au tribunal de grande instance en précisant le type d'adoption que vous voulez réaliser. Le tribunal vérifiera si toutes les dispositions légales sont réunies, il peut demander une enquête sociale et médicale pour obtenir plus d'informations et s'assurer qu'il est bien dans l'intérêt de l'enfant que vous l'adoptiez. Le tribunal doit rendre sa décision dans un délai de 6 mois. Il peut changer le type d'adoption auquel vous aspiriez en se prononçant sur une adoption simple, alors que vous aviez demandé une adoption plénière, ce que vous n'êtes pas obligé d'accepter. Si la décision rendue ne vous convient pas, vous pouvez entamer une procédure judiciaire pour tenter d'obtenir un résultat qui vous soit plus favorable.

Conclusion

Vers une autre civilisation

Mon beau-père bien-aimé

Noémie a connu le divorce de ses parents lorsqu'elle avait six ans. Le métier de son père l'a éloigné géographiquement du foyer maternel puisqu'il s'occupait de musées et de fouilles archéologiques aussi bien au Japon, à Hong-Kong, à la Réunion. La petite le voyait donc peu, mais toujours pour des vacances exotiques magnifiques. Les deux parents ont gardé des rapports amicaux et le père s'organisait pour venir une ou deux fois par an en France voir sa fille. La jeune maman s'est remariée et a eu deux enfants de son nouveau conjoint. Mais son compagnon a d'emblée respecté et su apprécier Noémie. Elle a grandi, devenant la jeune fille pertinente et sympathique que l'on pouvait attendre. Ces deux-là sont devenus extrêmement complices à tel point que Noémie s'appuie actuellement sur son beau-père pour préparer son baccalauréat. Elle me dit trouver dans cet homme un soutien pédagogique très positif. Les voilà partis dans la vie comme deux grands amis, s'admirant et se respectant. Le père de naissance voit toujours Noémie lors de voyages fabuleux et l'initie à l'archéologie. Autant dire que ce merveilleux exemple montre comment peut être construite une relation gratifiante pour toute une vie avec l'enfant de l'Autre.

Au XXIe siècle, allons-nous être amenés à vivre, ainsi, une période de notre existence avec l'enfant d'un autre ? L'augmentation rapide des divorces, l'allongement de la durée de vie, l'amélioration de la santé, de la vitalité, le souci croissant des femmes à l'égard de leur entretien physique, le recul de leur fécondité grâce aux méthodes de procréation médicalement assistée, leur capacité à s'émanciper grâce à leur activité professionnelle, la difficulté des hommes à trouver leur rôle dans la nouvelle conjugalité, autant d'éléments qui bousculent les parentalités : pour les enfants de demain, les parents génétiques ne resteront pas toujours le couple de naissance ; et après une séparation, l'enfant connaîtra un autre couple d'éducation. Il risque même de connaître des multifoyers parentaux dès sa conception.

La force irrésistible du désir d'enfant pousse en effet les couples à accepter les parcours les plus difficiles pour avoir un bébé ; mais si possible leur bébé génétique, et génétiquement parfait. Au prix des dérives les plus incroyables mais réalisables aujourd'hui. Ainsi voit-on le nombre d'enfants conçus par fécondation *in vitro* augmenter rapidement. On peut ainsi imaginer, pour un couple stérile mais déterminé qui ferait un parcours de capitale en capitale au gré des libertés éthiques plus ou moins grandes, un bébé conçu par don d'ovocyte, sélectionné par diagnostic préimplantatoire avant d'être couvé 9 mois par une mère porteuse, élevé par la mère ayant eu ce désir d'enfant, puis abandonné et adopté par un autre couple, qui divorcerait pour reconstituer deux nouveaux foyers... Cet enfant connaîtrait une mère génétique, une mère porteuse, une mère de premier élevage, une mère adoptante, une belle-mère. Des enfants ayant plusieurs figures maternelles voient ainsi leurs parents se disputer leur « propriété », comme ces parents divorcés qui demandent au tribunal la maîtrise séparée du sort de leurs embryons congelés. Ces nouvelles parentalités successives témoignent d'un moindre attachement à des enfants gadgets, des enfants « tamagushi ». Les psychanalystes montrent que l'attachement est plus difficile avec des enfants nés après procréation médicale assistée avec donneurs, avec des enfants adoptés, avec des enfants venus sous notre toit après un remariage. Sans aller dans ces caricatures extrêmes, l'enfant de l'Autre demande que l'on apprenne à dépasser le simple instinct parental pour un amour qui se libère du diktat de la génétique, selon les vœux d'Axel Kahn.

Nous devons veiller à ce que ces enfants, qui ont une partie « autre », reçoivent respect, protection, éducation. Nous avons une responsabilité collective, à commencer par les grands-parents, les autres membres de la famille, les parrains, les marraines, bien sûr les pédiatres, les psychologues, les éducateurs, les juges, les responsables politiques. Point n'est besoin à mon avis d'ériger « un statut juridique du beau-père », bien que la Conférence de la famille ait constitué un groupe de travail qui se penche sur le sujet. Mais chacun doit jouer son rôle pour aider les parents ou les beaux-parents à adopter ces enfants qui connaissent des foyers successifs, de façon à respecter leur besoin affectif. C'est dans les bras de l'amour que l'être humain se construit et devient ensuite capable de donner de l'amour aux autres. Si nous ne veillons pas à préserver le droit à l'enfance de nos petits, nous porterons tous une grave responsabilité quant à la violence d'un monde qui risquerait de devenir impitoyablement dur. Une solidarité sociale est donc indispensable autour des parents et beaux-parents pour donner à l'enfant de l'Autre toutes ses chances d'épanouissement.

L'exemple m'en a été donné par les familles tahitiennes. Lorsque, pédiatre dans le Pacifique, je recevais en consultation un enfant tahitien, il pouvait m'être amené une fois par une femme, à la consultation suivante par un homme, à la troisième consultation par une autre jeune femme..., il était difficile de savoir exactement qui étaient la mère et le père, mais l'enfant était toujours câliné, radieux, joueur et souriant. Dans les familles tahitiennes, c'est tout un clan qui élève un enfant ; et l'insouciance, la gaieté qui en émanent sont certainement le reflet de cette chaleureuse solidarité.

S'« il faut tout un village pour élever un enfant », que nul n'oublie qu'un enfant a toujours besoin d'une mère et d'un père, où qu'ils soient, pour devenir grand.

Bibliographie

ANGELS, S. (1996) – *Des frères et des sœurs, les liens complexes de la fraternité*, Paris, Robert Laffont.

BERGER, M. (1997) – *L'Enfant et la souffrance de la séparation. Divorce-adoption-placement*, Paris, Dunod.

BERRY BRAZELTON, T. – KRAMER, B. (1991) – *Les Premiers Liens*, Paris, Calmann-Levy.

BOURGUIGNON, A. (1981) – *Fondements neurobiologiques pour une théorie de la psychopathologie. Un nouveau modèle.* Psychiatrie de l'enfant, XXIV, 2.

BRACONIER-MARCELLI, D. (1998) – *L'Adolescence aux mille visages*, Paris, Odile Jacob.

DOLTO, F. (1982) – *Séminaire de psychanalyse d'enfant*, Paris, Le Seuil.

FREUD, S. (1967 a, 1900) – *L'Interprétation des rêves*. Trad. Fr. D. Berger, Paris, Presses Universitaires de France.

GILLETT, E. (1988) – *The Brain and the Inconscious*, Psycho-Anal. And Contemporary Thought II. 3, pp. 563-578.

JASPER, K. (1938) – *Psychopathologie générale*. Trad. Fr. A. Kestler 1 J. Mendon. Paris, Félix Alcan.

KAHN, A. (2000) – *Et l'homme dans tout ça ? Plaidoyer pour un humanisme moderne.* Paris, Nil.

KRAMER, B. (1999) – *Que deviendront nos bébés ?* Paris, Odile Jacob.

LEBOVICI, S. – DIAKINE, R. – SOULÉ, M. (1999) – *Nouveau Traité de psychiatrie de l'enfant et de l'adolescent*, Paris (1999).

MANDLER, G. (1984) – Mind and Body, *Psychology of Emotion and Stress.* New York, London, Norton.

POUSSIN, G. – MARTIN-LEBRUN, E. (1997) – *Les Enfants du divorce. Psychologie de la séparation parentale*, Paris, Dunod.

REIK, W. (1976) – *Écouter avec la troisième oreille. L'expérience d'un psychanalyste.* Trad. Fr. E. Ochs, Paris, Épi.

SCHNITZLER, A. (1988) – *Relations et Solitudes.* Trad. Fr. P. Deshusses. Paris, Rivages.

WINNICOTT, D. W (1992) – *De la pédiatrie à la psychanalyse*, Paris, Payot.

Table

Ce volume a été composé
par PCA, 44400 Rezé
et achevé d'imprimer en mars 2000
par ***Bussière Camedan Imprimeries***
à Saint-Amand-Montrond (Cher)
pour le compte des éditions Robert Laffont
24, avenue Marceau, 75008 Paris

Dépôt légal : avril 2000.
N° d'édition : 40571. N° d'impression : 001565/4.

Imprimé en France